66 Ausflugs-Tipps

Ob auf dem Wasser oder am Wasser entlang: Altmühltal, Donau und Fränkisches Seenland sind ein Paradies für Paddler, Radfahrer und Wanderer.

Bekanntes und Unbekanntes für Sie entdeckt

Die **Flusslandschaft** ist **von sanfter bis bizarrer Schönheit**, weite Uferzonen bieten breite Wiesenwege. Parallel dazu tummeln sich Paddler und Kanuten auf der Altmühl, und entlang der Talauen genießen Radfahrer ihr (Radler-)Paradies. Dieser **Naturpark** überrascht hinter jeder Flussbiegung: Im steinreichen Solnhofen zeigt sich die erdgeschichtliche Vorzeit, **Schlösser und Burgen** verweisen auf eine reiche Geschichte – genauso wie die Römer- und Reichsstadt Weißenburg, die Fürstbischofsstadt Eichstätt oder das Schatzkästlein Regensburg. Dort, wo sich Donau und Altmühl nähern, zeigt sich die Landschaft von ihrer schönsten Seite. Vorbei an **interessant geformten Felsen** schlängelt sich die Donau durch die grandiose Weltenburger Enge.

Als **Erlebnisland** präsentiert sich das Fränkische Seenland, das durch die Überleitung von Altmühl- und Donauwasser in das Regnitz-Main-Gebiet entstand. Im Zentrum liegen **Altmühlsee, Brombachsee** und **Rothsee** – ideale Surf- und Segelreviere, beliebte Ziele zum Bootfahren, Baden, Reiten und Radeln. **Wasser** ist hier das belebende Element der Landschaft, es dient aber auch als Rückzugsgebiet für **seltene Vögel**, die in verschiedenen Schilfgürteln und auf der „Vogelinsel“ im Altmühlsee nisten. Fast alle Uferbereiche sind frei zugänglich, rund um die Gewässer und von See zu See schlängeln sich gut ausgebaute und markierte Radwege durch eine **uralte Kulturlandschaft**. Das Fränkische Seenland verlockt aber auch zum Wandern. Bunte Wiesen im Altmühltal, reiche Waldbestände und **gelb leuchtende Ginsterbüsche** sowie das hügelige Spalter Hopfenland laden zu einer erholsamen Entdeckungsreise ein.

66 Ausflugs-Tipps

Kultur — Mit Kindern — Natur — Bei Regenwetter

Quickfinder

Wasser-Erlebnisse

Burgen & Schlösser

Tier-Erlebnisse

Museen

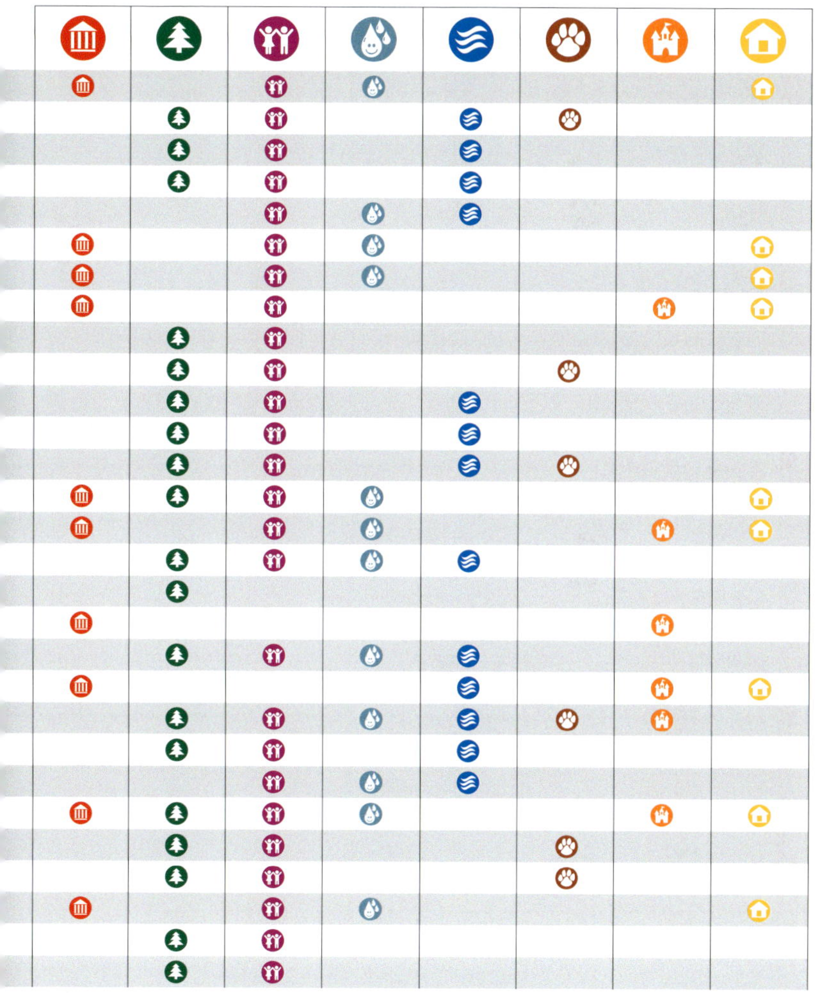

Quickfinder

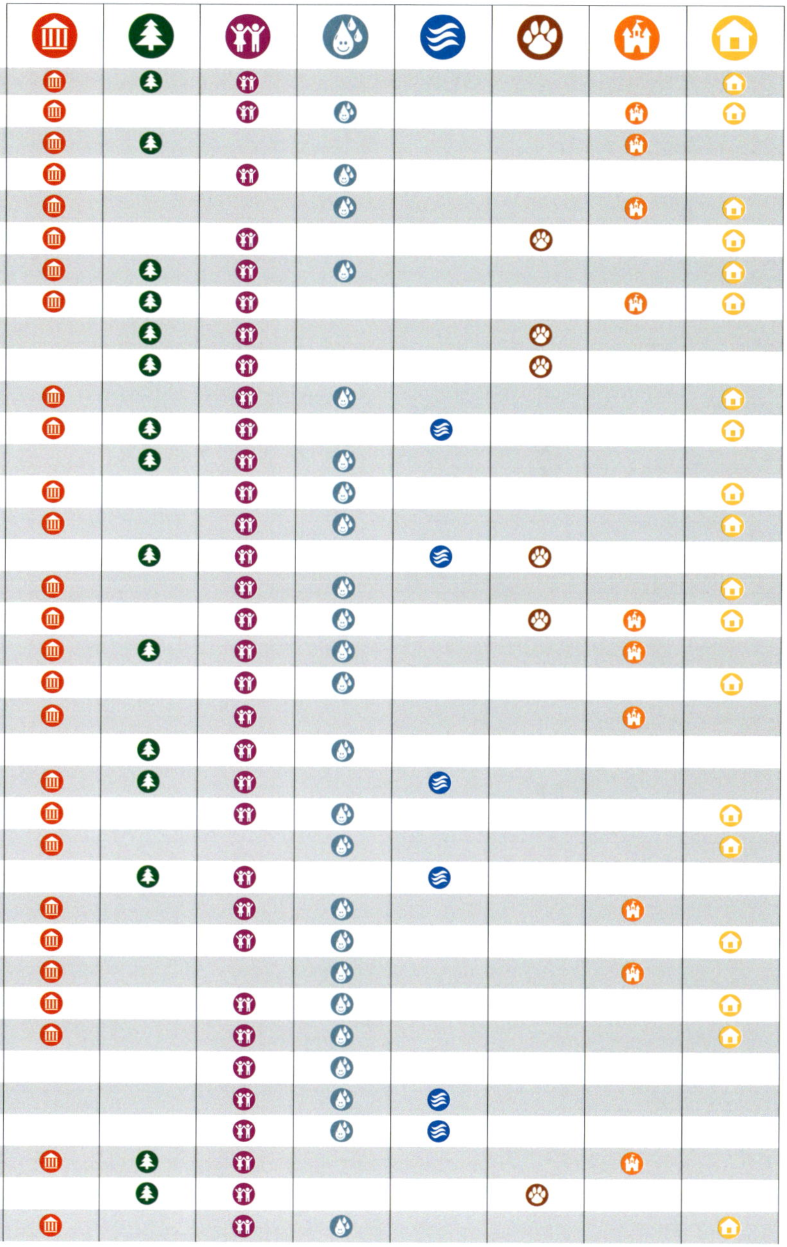

HOFLÄDEN & DIRKETVERMARKTER 52

1 **Kleiner Brombachsee,** Müßighof Absberg
2 **Spalt,** Gruschdl-Café Krauter
3 **Roth,** Burmann's HofundLaden
4 **Thalmässing,** Altmühltaler Teigwaren
5 **Titting,** Hainmühle Morsbach
6 **Kinding,** Schmiebauer's Hofladen
7 **Kipfenberg,** Forellenzucht Lang

8 **Eichstätt,** F. X. Bilz Goldschmiede
9 **Nassenfels,** Imkerei Alfons Bauer
10 **Ingolstadt,** Donaupoint
11 **Ingolstadt,** Gemüsehof Wöhrl
12 **Freystadt,** Ziegenhof Deß
13 **Berching,** Kloster Plankstetten
14 **Beilngries,** Bäckerei & Konditorei Zanner
15 **Altmannstein,** HopfenErlebnisHof
16 **Kelheim,** Edelbrennerei Schweiger
17 **Abensberg,** Spargelhof Gabelsberger

BIERGÄRTEN & AUSFLUGSLOKALE 56

1 **Enderndorf am See,** Landgasthof Schäferhof
2 **Weißenburg,** Goldener Adler
3 **Freystadt,** Storchennest
4 **Velburg,** Winkler Bräu
5 **Rechberg,** Rechberger Hof
6 **Kallmünz,** Landgasthof Zum Birnthaler
7 **Pielenhofen,** Klosterwirtschaft Pielenhofen
8 **Wemding,** Gasthof Zur Wallfahrt
9 **Treuchtlingen,** Enten Stub'n
10 **Mörnsheim,** Gasthof Zum Brunnen
11 **Eichstätt,** Café Fuchs
12 **Kipfenberg,** Gasthof Zur Linde
13 **Kipfenberg,** Römer-Castell
14 **Beilngries,** Landgasthof Euringer
15 **Essing,** Essinger Hof
16 **Bad Abbach,** Schwögler
17 **Kelheim,** Klosterschenke Weltenburg
18 **Bad Gögging,** Gasthof Eisvogel
19 **Weichering,** Landgasthof Vogelsang
20 **Rain,** Landgasthof Schwarzwirt

Einkaufen, einkehren, erleben

STADTFÜHRUNGEN & THEMENTOUREN 60

1 **Gunzenhausen,** Piratenfahrten
2 **Gunzenhausen,** Römerführung
3 **Pleinfeld,** Segway am Brombachsee
4 **Weißenburg,** BadeGeflüster
5 **Treuchtlingen,** Sonntagsspaziergänge
6 **Solnhofen,** Kanu-Erlebnistouren
7 **Eichstätt,** WaldErlebnisPfad Geländer
8 **Berching,** Schauspielführung
9 **Beilngries,** Wünschelruten-Rundweg
10 **Kelheim,** Führung in der Klosterbrauerei
11 **Kelheim,** Archäologiepark Altmühltal
12 **Regensburg,** Vom Senkblei zum Presslufthammer
13 **Regensburg,** Kinderführung Schlaumaus
14 **Neuburg a.d. Donau,** Donau-Zillenfahrten
15 **Ingolstadt,** Dr. Frankensteins Mystery Tour
16 **Ingolstadt,** Festungsrundgang

FAHRRADTOUREN 64

1 **Gunzenhausen – Thannhausen – Theilenhofen – Gunzenhausen** 30 km, 4 Stunden
2 **Hilpoltstein – Mindorf – Zell – Hofstetten – Hilpoltstein** 35 km, 3,5-4 Stunden
3 **Weißenburg i. Bay. – Wülzburg – Suffersheim – Weißenburg i. Bay.** 28 km, 3,5 Stunden

4 **Treuchtlingen – Langenaltheim – Pappenheim – Treuchtlingen** 27 km, 3 Stunden
5 **Eichstätt – Pfünz – Kipfenberg – Kinding – Beilngries** 42 km, 4,5 Stunden
6 **Berching – Raitenbuch – Kevenhüll – Beilngries – Berching** 25 km, 3 Stunden
7 **Riedenburg – Prunn – Tettenwang – Riedenburg** 30 km, 3 Stunden
8 **Donauwörth – Neuburg – Ingolstadt** 64 km, 5 Stunden
9 **Ingolstadt – Neustadt – Weltenburg – Kelheim** 45 km, 3,5 Stunden
10 **Kelheim – Bad Abbach – Regensburg** 35 km, 2,5 Stunden

Stadtmauer mit Turm in Wolframs-Eschenbach

Hinein ins Naturparadies am Altmühlsee

WOLFRAMS-ESCHENBACH

1 ALTSTADT & MUSEUM

▶ Dem Minnesang auf der Spur

Wenn Sie die kleine Stadt mit ihren malerischen Gassen und dem noch vollständig erhaltenen Mauerring durch eines der beiden Tore betreten, fühlen Sie sich ins Mittelalter versetzt: Das Pfründehaus in der Färbergasse, wegen seiner Dachform auch „Arche Noah" genannt, stammt aus dem Jahr 1410, und die „Alte Vogtei" diente schon 1429 als Haus des Deutschen Ritterordens. An den Minnesänger Wolfram von Eschenbach, durch den seine Heimat berühmt wurde, erinnert ein Denkmal auf dem Marktplatz, das den Dichter mit Lorbeerkranz, Harfe und Schwert abbildet, sowie ein Stein im Liebfrauen-Münster. Außerdem wurde ihm ein Museum gewidmet, das umso interessanter ist, weil es gar keine Urkunden zu seinem Leben oder Originalgegenstände gibt. Ein Museum ohne Exponate also, das nur über eine moderne Inszenierung aus Architektur, Musik, Lichteffekten, Farbspielen und Texten durch das Werk des Dichters und Epikers führt. Diese Zeitreise kann man mithilfe von Audioguides antreten, die das Schauen begleiten.

Wer nach diesem Kulturerlebnis noch ein wenig Zeit hat, sollte unbedingt das nur 4 km entfernte Örtchen Merkendorf besuchen, wo Sie ein INSIDER TIPP selten schönes Stadtbild im Original erwartet – mit einer vollständig erhaltenen Stadtbefestigung aus dem 14. Jh., kopfsteingepflasterten Gassen, acht Türmen, drei noch immer bewohnten Toren, und vielen liebevoll gepflegten Kräutergärten.

> *Wolfram-von-Eschenbach-Museum, Wolfram-von-Eschenbach-Platz 9, www.wolframs-eschenbach.de/museum*

> *April-Okt. Di.-Sa. 14-17, So. 10.30-12, 14-17, Nov.-März Sa./So. 14-17 Uhr Führungen: Jeden 1. So. im Monat, 14 Uhr*

MUHR AM SEE

2 VOGELINSEL IM ALTMÜHLSEE

▶ Natur entdecken und verstehen

Vor den Toren Gunzenhausens wurde die Altmühl zu einem 450 ha großen See aufgestaut: Heute ist der Altmühlsee im Fränkischen Seenland Teil eines ehrgeizigen Stauprojektes, das neben der wasserwirtschaftlichen Bedeutung als Geheimtipp für Naturfreunde gilt. Im nördlichen Teil des Sees entstand die über einen Steg mit dem Festland verbundene „Vogelinsel", ein Biotop für die bedrohte Tier- und Pflanzenwelt und Paradies für über 300 heimische Vogelarten. Der Landesbund für Vogelschutz bietet fachkundige Führungen an, weiterhin eine Vielzahl von Veranstaltungen jeder Art sowie Mitmachaktionen für Groß und Klein. Für alle, die lieber auf eigene Faust unterwegs sind: Ein frei zugänglicher Rundwanderweg führt durch die Idylle, in der freche Biber Dämme bauen und Graureiher majestätisch ihre Kreise ziehen.

> *LBV-Umweltstation Altmühlsee, Schlossstr. 2, www.lbv.de/altmuehlsee*

> *Führungen: Mitte März - Mitte Okt. Mi. u. So. 16 Uhr*

GUNZENHAUSEN

3 SCHIFFFAHRT AUF DEM ALTMÜHLSEE

▶ Erlebnisfahrten für jeden Geschmack

Den besten Überblick über den Altmühlsee erhalten Sie vom Wasser aus: Die Personenschifffahrt auf dem Altmühlsee lädt täglich zu mehreren Rundfahrten mit dem dreideckigen Passagierschiff MS Altmühlsee ein. Die Touren dauern ungefähr eine Stunde, Abfahrt ist im stadtnahen Seezentrum Gunzenhausen oder am Surfzentrum Schlungenhof. Von dort geht es nach Muhr am See, zum Seezentrum Wald, zur Anlegestelle Hirteninsel und wieder zurück zum Ausgangspunkt. Wer will, kann mit den teilweise überdachten Schiffen auch alle Stationen einzeln anfahren.

Neben den klassischen Linienfahrten gibt es viele weitere Angebote, denn der Zweckverband Altmühlsee ist schon lange auf Erlebnisschifffahrt spezialisiert. Während der Hauptsaison von Mai bis September werden jeden Freitag Abendfahrten mit Live-Musik unternommen, weiterhin gibt es Sonnenaufgangsfahrten mit spezifischen Programmpunkten auf der Hirteninsel, zu ausgewählten Terminen auch

Eine Seefahrt, die ist lustig ...

Disco-Nächte mit Cocktailbar oder Pokerfahrten. Sehr vielfältig ist das Programm für Kinder, das von Sternen- und Märchenfahrten bis hin zu Gespenster- und Piratenfahrten (s. Thementour 1) reicht.

> *Zweckverband Altmühlsee, Marktplatz 25, www.altmuehlsee.de*

GUNZENHAUSEN

4 SEEZENTRUM SCHLUNGENHOF

▶ Baden, spielen, surfen, paddeln

Im Gegensatz zu vielen anderen bayerischen Seen ist der Altmühlsee überall frei zugänglich. Sommers lockt er natürlich zum Schwimmen, beispielsweise im Seezentrum Schlungenhof, wo es einen Badestrand, schöne Liegewiesen und zwei Kinderspielplätze gibt. Wer nicht nur

Wassersportparadies Schlungenhof

in der Sonne braten will, findet Beachvolleyballplätze sowie eine Minigolfanlage, und am Bootshafen mit Slipanlage können Tretboote gemietet werden.

Auch Wassersportler kommen am Altmühlsee mit seinen günstigen Windverhältnissen auf ihre Kosten. Dort tummeln sich nicht nur Profis, die den Zuschauern ihr Talent zeigen, sondern auch Anfänger sind gerne willkommen. Das Surfcenter Altmühlsee bietet verschiedene Kurse an, beginnend beim klassischen Windsurfen über Kitesurfen bis hin zu Stand Up Paddling, wobei alle Kurse auch als einmalige Schnupperkurse durchführbar sind. Die notwendige Ausrüstung wird bei der Buchung von Kursen gestellt, ansonsten gibt es die Bretter samt Kleidung zu mieten. Auch Kajaks, Fahrräder und sogar Rikschas werden zum Verleih angeboten.

> *Surfcenter Altmühlsee, Ansbacher Str. 99, www.surfcenter-altmuehlsee.de*

5 FREIZEITBAD JURAMARE

▶ Wohlig warmes Wasservergnügen

Das „Juramare", vom Namen her ein urzeitliches Meer, ist in Wirklichkeit genau das Gegenteil davon: Es versprüht Gischt, es sprudelt und fließt, von moderner Technik gesteuert, zur Freude der vergnügten Badegäste. Diese gelangen vom Solebad mit Wasserfall über einen Schwimmkanal in das Außenbecken. Bei 33 °C Wassertemperatur bietet es Massagedüsen, Wassersprudler und eine Gegenstromanlage. Ein Kaltwasserbecken mit Wasserfontäne und ein Hot Whirlpool lockern die verspannten Muskeln durch Sprudeln und Strudeln. Außerdem erwartet Sie im „Juramare" eine geräumige, auf 50 °C erhitzte Dampfgrotte. Sportler können im Mehrzweckbecken ihre Bahnen ziehen, für die Jüngsten

Das Wohlfühlbad Juramare lädt ein

gibt es einen eigenen kindgerechten Bereich, und die Größeren werden von der 100 m langen Black-Hole-Rutsche nicht genug bekommen, die sommers wie winters zu rasanten Fahrten einlädt.

Wer mehr auf Wellness steht, wird im Saunadorf fündig. Eine Dampfoase und vier verschiedene Saunen bieten abwechslungsreiches Saunavergnügen: von der mittelalterlichen Zunftstube über den Alten Bierkeller und das „Biohäusla" bis hin zur Backstube, in der tatsächlich noch Brezeln gebacken werden, findet sich für jeden Saunawunsch ein geeignetes Ambiente zum Entspannen.

> *Freizeitbad Juramare, Bahnhofplatz 16, www.juramare.de*
> *tgl. 9-21.30, So. 9-20 Uhr*

6 FOSSILIEN- UND STEINDRUCK-MUSEUM

▶ Quastenflosser und Meerengel

Das einzigartige Fossilien- und Steindruck-Museum im Zentrum von Gunzenhausen hält das Andenken an Alois Senefelder in Ehren. Der Schauspieler und Schriftsteller erfand 1798 den Steindruck, auch Lithografie genannt, um seine Werke vervielfältigen zu können. Und so zeigt das Museum, übrigens Europas größte Sammlung von Ausstellungsstücken zum Thema Steindruck, wie mit Lithografiesteinen gearbeitet wird. Außerdem präsentiert es in seiner Fossilienabteilung versteinerte Fische – etwa Urhaifische, Schmelzschupper, das „lebende Fossil" Quastenflosser oder den seltenen rochenartigen Haifisch Pseudorhina alifera, unter Sammlern auch als „Meerengel" bekannt. Als weitere Sensation gilt eine Platte mit 25 Schlangensternen der Gattung Sinosura, die einen so anschaulichen Eindruck von der vor rund 150 Mio. Jahren existierenden Meerlagune vermittelt, als seien die Urtiere plötzlich vom Tod überrascht worden. Mit einer modernen Multivisionsschau, die man eigenhändig an einem Terminal bedient, kann man so durch die Erdgeschichte navigieren.

Poetischer Name: der „Meerengel"

> *Fossilien- und Steindruck-Museum, Sonnenstr. 4, www.fossilien-und-steindruck-museum.de*
> *Do.-So. 10-12 u. 14-17, Führungen: Fr. 14 Uhr; Vorführungen Steindruck: April-Okt. 1. So. im Monat 11-12 Uhr*

WEISSENBURG IN BAYERN

7 BAYERISCHES LIMES-INFORMATIONSZENTRUM/RÖMERMUSEUM

▶ Römische Vergangenheit erleben

Ihre römische Vergangenheit macht Weißenburg zu einer der ältesten Städte Bayerns. Schon auf der berühmten Straßenkarte, der „Tabula Peutingeriana" aus dem 3. Jh., war diese Siedlung unter dem Namen „Biriciana" verzeichnet. Die Entdeckung der Weißenburger römischen Thermen im Jahr 1977 sowie der sensationelle Fund des Weißenburger Römerschatzes mit 156 Teilen, ausgestellt im RömerMuseum, unterstreicht diese Bedeutung. Weitere archäologische Grabungen bestätigten den Rang dieser römischen Militärsiedlung. Und so wurde das wissenschaftlich beispielhaft rekonstruierte Nordtor des Kastells Biriciana zum Symbol der „Regio Biriciana".

Als zentrale Stelle, in der sämtliche Spuren rund um den Limes versammelt sind, dient das Bayerische Limes-Informationszentrum, das im RömerMuseum eine ideale Wirkungsstätte gefunden hat. Derzeit wird das Gebäude rundum saniert und mit neuen Ausstellungskonzepten versehen, um eine zeitgemäße, multimediale Präsentationsform mit Bildern, Filmen und Computeranimationen zu erreichen. Die Wiedereröffnung ist für 2017 geplant – man darf also gespannt sein!

> *Bayerisches Limes-Informationszentrum/RömerMuseum, Martin-Luther-Platz 3-5, www.limesinfozentrum.de*

Rekonstruierte Porta decumana

Wahrzeichen: das Ellinger Tor in Weißenburg

8 ALTSTADT UND WÜLZBURG

▶ Durch eines der schönsten Stadttore Deutschlands schreiten

Ein Rundgang durch den denkmalgeschützten Stadtkern von Weißenburg mit seinen hübschen Plätzen, den spätmittelalterlichen Fachwerkbauten und den farbenfrohen barocken Bürgerhäusern bietet Einblicke in die Vergangenheit. Besonders schön sind die Gebäude in der Luitpoldstraße und am Marktplatz. Hier dominiert das Alte Rathaus, seit 1476 Ausdruck der Eigenständigkeit. Das Ellinger Tor gehört zu den schönsten Stadttoren Deutschlands, weshalb Sie es sich gleich zweimal ansehen sollten: tagsüber beim

Stadtbummel, der auch die Stadtbefestigung mit den 38 Türmen einschließt, und abends, wenn es beleuchtet ist und zu einer Kulisse wird, die keine Akteure braucht.

Die nur 2,5 km von Weißenburg entfernte Hohenzollernfestung Wülzburg, ab 1588 in der Form eines Fünfecks erbaut, war jahrhundertelang teils Zufluchtsstätte, teils Gefängnis. Ihre gewaltigen Mauern mit fünf Bastionen galten als unüberwindbar und beeindruckten nicht nur Feldherren. Durch ein imposantes Renaissance-Prunktor betritt man das Burginnere, in dem sich u.a. die Ludwigszisterne und ein 143 m tiefer Brunnen befinden, der allerdings nur im Rahmen einer Führung zu besichtigen ist.

Nicht weit von der Wülzburg, auf der Schönau, befindet sich ein weiteres Highlight der Stadt Weißenburg: das historische INSIDER TIPP Bergwaldtheater, das von Juni bis August Menschen aus aller Welt verzaubert. Es ist etwas ganz Besonderes und selbst eine lange Anfahrt wert, den „Freischütz" an einem Sommerabend auf der Freilichtbühne zu erleben. Doch nicht nur Oper und Theater, auch Pop-Konzerte, Liedermacher, Kabarett, Märcheninszenierungen und Comedy sind Teile des vielfältigen und abwechslungsreichen Programms.

> *Festung Wülzburg, Führungen: Mai-Okt. Sa. 13-17, So. 11-17 Uhr*

> *Bergwaldtheater, Holzgasse, www.bergtheater.de*

9 STEINERNE RINNE

▶ Die Kräfte der Natur bestaunen

Manche Naturereignisse muss man mit eigenen Augen gesehen haben, und selbst dann bleiben Zweifel, ob alles mit rechten Dingen zugeht. Ein Flüsschen, das nicht am Boden verläuft, sondern auf einem rund 1,5 m in die Höhe gewölbten Bachbett dahinspringt. Das ist ganz gegen das gewohnte Bild. Wie es dazu kam? Die „Steinerne Rinne" – so heißt das Naturwunder – führt stark kalkhaltiges Wasser, das seit Jahrhunderten Sinter am Rand absetzt. Die Entstehung des Naturphänomens ist sehr schön zu beobachten, wenn man die kurze Steigung bis zum Wasseraustritt aus dem Kalksteinfelsen hinaufgeht: erst Quelle, dann Bach, dann Rinne. Und der Damm wächst weiter – jedes Jahr bis zu 3 cm, was allerdings auch

Bach als Baumeister

menschlichen Instandhaltungsmaßnahmen geschuldet ist. Zum Verweilen laden Schutzhütte und Picknicktische sowie ein kleines Spielareal mit Rutschen und Fußballtoren ein – und die Natur, die das seltene Schauspiel rahmt.

PLEINFELD

10 SOMMERRODELBAHN & ERLEBNISPARK PLEINFELD

▶ Pfeilschnell ins Tal hinab

Rodeln im Sommer? Ja – das gibt es! Die Pleinfelder Rodelbahn hat in der warmen Jahreszeit alle Kufen voll zu tun. Nur wenn es regnet, ist der Bahnbetrieb gesperrt. Sie wollen mit fast 60 km/h talwärts sausen und dabei den Kurvenkitzel spüren? Dann nichts wie los: Zuerst geht es mit einem Schlepplift zum Gipfel, und dort gibt es kein Zurück mehr – es sei denn per

Rasantes Vergnügen im Erlebnispark

Rodel. Also mutig nach vorne geschaut und hinein ins sommerliche Talfahrtvergnügen, das Konjunktur hat! Je mehr Sie auf die Waage bringen, desto rasanter wird die Fahrt. Es erwarten Sie zwei Niro-Stahlbahnen mit je 550 m Länge und elf Steilkurven, bei einem Höhenunterschied von 65 m. Für weniger Mutige gibt es Zweierbobs. Von der Terrasse sieht alles ganz harmlos aus – was es auch ist. Schließlich hat jeder Bob eine Bremse. Aber wer braucht die schon?

Der angegliederte Erlebnispark wartet mit Minigolf, einem Wildpark mit Rot- und Schwarzwild, einem Biergarten und einem Bungee-Trampolin auf, das bei 80 kg Höchstgewicht vor allem Kinder begeistern wird.

> *Sommerrodelbahn Pleinfeld, www.sommerrodelbahn-pleinfeld.de*

> *März-Okt. Mo.-Fr. 13–18, Sa./So. u. Ferienzeit 10-18 Uhr*

GROSSER BROMBACHSEE

11 STAUSEE & FREIZEITPARADIES

▶ Auf den Wellen gleiten oder gleich quer über den See sausen?

Die Wasser des Altmühlsees fließen seit 1999 nicht mehr in die Donau, sondern rauschen mit künstlichem Gefälle knapp 3 km weiter in den Großen Brombachsee, der sich flächenmäßig mit dem Tegernsee messen kann. Dieser Mega-Stausee dient

Mega-Stausee für Mega-Spaß

dazu, die Flusspegel im unterversorgten Industrieraum Nürnberg anzuheben, wo Unmengen von Wasser gebraucht werden, die Natur aber nicht genug fließen lässt. Der Nebeneffekt dieser aufwendigen Aktion kann sich ebenfalls sehen lassen – ein attraktives Segelrevier: In Ramsberg entstand ein riesiger Binnensegelhafen mit über 600 Wasser- und 150 Landliegeplätzen, Bootsvermietung, Fahrradverleih und einer Schiffsanlegestelle. Von hier zieht auch der Trimaran MS Brombachsee seine Spuren, der mit vielen Erlebnisangeboten aufwartet: Kinder-Kostümfahrten, Party-Abende, Sonntagsbrunch oder Dinner-Krimi-Shows. Weiterhin gibt es fünf Freizeitanlagen am Großen Brombachsee, die nicht nur Sandstrände, sondern auch Beachvolleyball, Kinderspielplätze und Biergärten bieten.

Eine besondere Attraktion am nördlichen Ufer ist der Abenteuerwald Enderndorf, wo man sich an acht Kletterstationen unterschiedlicher Schwierigkeitsgrade erproben kann. Krönender Abschluss ist die INSIDER TIPP **Seilfahrt quer über den Igelsbachsee**: mit 560 m Länge und 36 m Höhenunterschied ein rasantes Vergnügen bei bis zu 60 km pro Stunde.

> *Erlebnisschifffahrt Brombachsee, www.ms-brombachsee.com*

> *Abenteuerwald Enderndorf, http://enderndorf.abenteuer-wald.com*

> *April-Okt. Fr. 13-19, Sa./So. 10-19 Uhr*

KLEINER BROMBACHSEE

12 WASSERSPORT

▶ Sportliche Vergnügungen aller Art

Die beiden westlichen Arme des Brombachspeichersystems – Igelsbachsee und Kleiner Brombachsee – sind gern besuchte Freizeitreviere. Gibt es doch an den Seezentren neben dem klassischen Fahrrad- und dem mittlerweile sehr beliebten Rikscha-Verleih überdies viele Surf- und Segelmöglichkeiten, Tret- und Ruderbootvermietungen. Wenn Sie wollen, können Sie sich in die Kunst des Wind- und Kitesurfens oder des Segelns einweihen lassen und etwas für Ihre Fitness tun. In der Surfschule Langlau werden neben Gruppen-

Spritztour auf Land- und Wasserwegen

kursen auch Privatstunden angeboten. Von Mai bis August finden für Anfänger und Neugierige immer wieder Schnupperkurse statt. Die nötigen Utensilien werden ausgeliehen – auch Kajaks, falls Sie es gemächlicher mögen und es vorziehen, auf statt im Wasser zu sein.

Sie wollen lieber festen Boden unter den Füßen haben? Im Gebiet Brombach- und Igelsbachsee erwarten Sie viele Radwanderwege, darunter eine schöne, ebene Tour von nur 8,5 km Länge rund um den kleinen Brombachsee. Was man im Winter tun kann? Nun – Snowkiten können Sie hier ebenfalls lernen.

> *Surfschule Langlau am Brombachsee, Seestraße 30, www.windsurfingschule.de*

Strandleben im Binnenland

KLEINER BROMBACHSEE

13 ABSBERG

▶ Ein Hauch von Mittelmeer im Fränkischen Seenland

Die Badehalbinsel Absberg schiebt sich keck in den Kleinen Brombachsee und erinnert bei gutem Wetter an südliche Gestade. Als große Freizeitanlage mit schönen, weitläufigen Sandstränden, die sich vor Schatten spendenden Föhren und Kiefern ausbreiten, diversen Strandhäusern, Bootsliegeplätzen, großen Sportfeldern, Spielplätzen und gepflegten Grünanlagen mit Minigolf ist sie attraktiver Anziehungspunkt für Wasserratten und Sonnenanbeter. Wenn Sie wollen, können Sie segeln und surfen oder etwas gemächlicher mit Tret- oder Ruderboot die Uferzonen erkunden. Tabu für alle Aktivitäten ist nur das Naturschutzgebiet am Südufer des Sees.

Wem der Sinn nach Spaß und Spiel inmitten der Naturidylle steht, sollte das INSIDER TIPP San-*shine*-Camp besuchen. Auf dem Outdoor- & Eventgelände finden Sie neben einem Streichelzoo mit Eseln, Schafen, Ziegen, Hasen und Enten auch einen Bogenschießstand, an dem Sie Ihr Geschick und Ihre Treffsicherheit erproben können.

> *San-shine-Camp, Badehalbinsel 1a, www.san-shine-camp.de*

> *April-Okt. tgl. 11-18, Nov.-März 14-16 Uhr*

SPALT

14 SPALTER HÜGELLAND & MUSEUM HOPFENBIERGUT

▶ Hopfen zum Riechen und Anfassen

Als besonderes Symbol für Länge gilt die Hopfenstange: Im Anbaugebiet Spalt recken sie sich, zu Tausenden aufgereiht, in den blauen Himmel. Hoch her geht es auch nach der Ernte, wenn die Frucht in den Hopfenhäusern zum Trocknen gelagert wird – zumeist in hübschen Fachwerk-

Einst Kornhaus, heute Museumsgebäude

bauten, die ebenfalls weit in den Himmel ragen und noch höher hinaus wollen als die Pflanzen.

Auch die Stadt Spalt hat Ihr Interesse verdient. Das Kornhaus, eines der schönsten Fachwerkgebäude und bereits 1457 errichtet, wurde mittlerweile zum Museum HopfenBierGut umgestaltet, wobei schon das besondere Ambiente als eigenes Exponat fungiert. Im weiträumigen Inneren findet sich, multimedial und interaktiv aufbereitet, alles rund um die Welt des Hopfens und des Bieres. Auf raumhohen Panorama-Leinwänden kann man das Hopfenjahr so anschaulich erleben, als ob man inmitten der Felder stünde. Im begehbaren Braukessel ist der Weg vom Hopfen zum Bier zu beobachten, aber auch anzufassen und zu riechen – ebenso wie an der Aroma-Riechstation mit angegliederter ProBierBar zur Degustation verschiedener Biernoten. Ein Museumsbesuch inklusive Verkostung also, und obendrein bekommt man ein Spalter Bierglas als Souvenir mit. Wer sich selbst als Bierbrauer versuchen will, kann zu 8 Terminen im Jahr INSIDER TIPP Braukurse und Bierseminare an der museumseigenen Brauanlage in der Spalter Bierwerkstatt buchen.

> *HopfenBierGut, Gabrieliplatz 1, www.hopfenbiergut.de*

> *Di.-So. 10-17 Uhr*

ABENBERG

15 BURG & MUSEEN ABENBERG

▶ Geschichte als spannende Zeitreise

Hoch über dem gleichnamigen Städtchen thront Burg Abenberg. Zuerst war sie Stammsitz der mächtigen Grafen von Abenberg, kam dann im 13. Jh. in den Besitz der Zollern und diente schließlich den Bischöfen von Eichstätt als Verwaltungssitz. Heute beherbergt die Burg das Museum „Haus fränkischer Geschichte". In der ständigen Ausstellung erwartet Sie „eine Zeitreise durch Franken", die historische Fakten auf ganz neue Weise vermittelt. Mit beeindruckenden Kulissen, faszinierenden Inszenierungen und raffinierten Lichteffekten werden Sie durch die wechselvolle Vergangenheit Frankens geführt. So macht Geschichte auch kleinen Besuchern Spaß!

Imposante Burg Abenberg

Im Klöppelmusuem sind nicht nur Originale aus kostbarer Spitze zu bewundern – Sie können das Klöppeln sogar selbst ausprobieren. An Sonn- und Feiertagen von 14-16 Uhr zeigen Klöpplerinnen ihre meisterliche Fingerfertigkeit.

> *Haus fränkischer Geschichte/Klöppelmuseum, Burg Abenberg, Burgstr. 16, www.museen-abenberg.de*

> *April-Okt. Di.-So. 11-17, März, Nov. u. Dez. Do.-So. 11-17 Uhr*

ROTHSEE

16 FREIZEITGEBIET ROTHSEE

▶ **Sport und Vergnügen für jeden Geschmack**

Das Rothseegebiet besteht aus zwei Seen, die durch einen Damm voneinander getrennt sind. Die 1993 geflutete Rothsee-Hauptsperre dient als Zwischenspeicher für Wasser aus dem Altmühl-Donau-Gebiet, das über den Main-Donau-Kanal hierher gepumpt wird. Bei Bedarf wird das Wasser dann über das Roth-Rednitz-System nach Norden geleitet.

Der Freizeitaspekt der Speicherseen ist jedoch auch nicht ohne: In den Erholungszentren Birkach, Grashof und Heuberg sind neben Badestegen und Liegewiesen auch Segel-, Surf- und Tauchschulen, eine große Kunstrasen-Minigolfanlage sowie Fahrrad- und Bootsverleih zu finden.

Ankerplatz für Mußestunden

Ein außergewöhnliches Ereignis ist der jährlich stattfindende „DATEV Challenge Roth", Nachfolger des „Ironman Europe", der als eine der besten Triathlon-Veranstaltungen Europas gilt. Wer die Gegend gemütlicher erkunden möchte, kann bei Funway in Roth geführte Segway-Touren rund um den Rothsee buchen.

An verregneten Wochenenden bietet sich eine hochinteressante Exkursion ins INSIDER TIPP Fabrikmuseum Roth an, wo man die Herstellung Leonischer Waren – d.h. Erzeugnisse aus feinstem Drahtgeflecht wie Siebe, aber auch Kunststickereien oder Christbaumschmuck – bei laufenden Maschinen miterleben kann. So etwas haben Sie garantiert noch nie gesehen!

> *Funway GmbH, Flurstr. 22, 91154 Roth, Tel. 09171/8258217, www.funway-roth.de*

> *Fabrikmuseum Roth, Obere Mühle 4, http://fabrikmuseum-roth.de*

> *April-Nov. Sa./So. 13.30-16.30 Uhr*

GREDING

17 JURA-AIR-FLUGSCHULE

▶ **Die Welt von oben genießen**

Unter dem Motto „Aussuchen, Buchen, Losfliegen" können Sie bei der Jura-Air-Ultraleichtflugschule am Flughafen Greding zu Ihrer ganz persönlichen Wunsch-Tour starten. Von kurzen Rundflügen über Greding und Umgebung bis hin zum 2,5-stündigen Flug zur Zugspitze, die auf einer Höhe von 3500 m überflogen wird, ist alles möglich. Natürlich stehen auch Touren entlang der Donau bis Regensburg, durch das Altmühltal oder über die Fränkischen Seen auf dem Programm, sodass Sie die herrliche Landschaft und die vielen Sehenwurdigkeiten einmal aus ganz anderer Perspektive erleben können.

Auch Eigeninitiative ist eine Option: Nach einer gründlichen Sicherheitseinweisung im Cockpit können Sie abheben und unter der Aufsicht eines erfahrenen Be-

Abheben und Träumen: ein Rundflug ist immer ein besonderes Erlebnis

rufspiloten ein Ultraleichtflugzeug selbst steuern und dabei diverse Grundmanöver einüben.

> *Jura-Air Ultraleichtflugschule, Flugplatz Greding, Jakob-Engel-Str. 24, Tel.08463/60084, www.jura-air.de*

BERCHING

18 KLEINOD DES MITTELALTERS

▶ **Mittelalterliche Città-Slow-Stadt**

Nicht umsonst trägt Berching – die Heimatstadt des Komponisten Ch. W. Gluck – den Beinamen „Kleinod des Mittelalters": Die Stadtbefestigung aus dem 15. Jh. mit ihren Wehrgängen, 13 Türmen und vier Toren ist bis heute erhalten. Daher gehört ein Rundgang auf und an der Stadtmauer entlang zum Pflichtprogramm. Man beginnt am Mittleren Tor, wo man über eine Holztreppe unters Dach der Stadtmauer gelangt. Am Pulverturm geht es wieder abwärts und dann über den Ringmauerweg bis zum Gredinger Tor. Natürlich kann man die Stadt auch mit professionellen Guides besichtigen: geführte Stadtspaziergänge gibt es immer samstags um 18 Uhr am Brunnen vor dem Rathaus.

Berching ist aber auch Città-Slow und gehört somit zu den 12 lebenswertesten Städten Deutschlands. Dies zeigt sich vor allem am letzten Juliwochenende: Beim INSIDER TIPP „Kanal im Feuerzauber" mit vielen Veranstaltungen wie Fischerstechen, Paddelbootrennen, Fackelschwimmen und Feuerwerk sowie der gleichzeitig stattfindenden „Berchinale" wird die Architektur der Stadt besonders ausgeleuchtet und mit Kunst-Installationen versehen.

> *www.berching.de*

Moderner Kanal vor mittelalterlichen Mauern

VELBURG

19 ERLEBNISWELT VELBURG

▶ Perfektes Ausflugsziel für Jedermann

Die Erlebniswelt Velburg bietet neben der König-Otto-Tropfsteinhöhle viele weitere Attraktionen, um einen vergnüglichen Ausflugstag zu garantieren: einen gut ausgestatteten Naturbadesee, einen 4,6 km langen Walderlebnispfad, eine Quad-Vermietung, die schöne Touren anbietet, sowie einen familienfreundlichen

Tropfsteinpracht in Velburg

Kletterwald mit Hochseilgarten, der aus sieben unterschiedlich schwierigen Parcours besteht und sogar Kletterspaß für Kleinkinder von 2-4 Jahren bereithält.

Die König-Otto-Tropfsteinhöhle – Hauptattraktion der Erlebniswelt – wurde 1895 am Namenstag des bayerischen Königs Otto I. entdeckt. Seitdem zauberten zunächst Scheinwerfer und heute eine moderne LED-Ausleuchtung Figuren und Gebilde, denen erst das Licht Gestalt verleiht: gewaltige Säulen, von kalkhaltigem Wasser in Jahrmillionen aufgetürmt, märchenhafte Landschaften, überglitzert vom ewigen Nass, das diese Traumwelt schuf. Höhepunkt der rund 45-minütigen

Künstlerrefugium und „Perle des Naabtals"

Führungen, die zu jeder vollen Stunde beginnen, ist die erst Ende 1972 entdeckte „Adventhalle" mit herrlichen Tropfsteinen und einer unvergleichlichen Formenvielfalt. Lassen Sie also Ihre Fantasie beflügeln, entdecken Sie bizarre Sintergebilde, folgen Sie den Spuren der Fledermäuse und Höhlenspinnen, aber vergessen Sie nicht: Die Temperatur dort unten beträgt 9 °C, daher sollte man trotz sommerlicher Außentemperaturen eine wärmende Jacke mit im Gepäck haben!

> *Erlebniswelt Velburg, www.erlebniswelt-velburg.de*

> *April-Okt. Di.-So. 10-19, Tropfsteinhöhle: Di.-So. 10-17 Uhr*

KALLMÜNZ

20 NAABUFER

▶ **Kunst erleben oder selber schaffen**

Wer die Naab kennt, ist gespannt, wie wohl die „Perle des Naabtals" ausschaut. So nämlich tauften Münchner Künstler den Ort Kallmünz mit seiner eindrucksvollen Burgruine, der fortan zu einem Anziehungspunkt für Kunstschaffende aus aller Welt wurde. Und noch immer ist die Kunst hier allgegenwärtig: abstrakte Malerei, Fotografie, Skulptur, Musik, Körperkunst oder Installationen. An jeder Ecke stößt man auf liebevoll gestaltete Kunstobjekte, weshalb Kallmünz sich mittlerweile zu einem Feriendomizil für Kunstinteressierte entwickelt hat. Lust, selber kreativ zu werden? Informationen zur Künstlerszene, zu Galerien, Werkstätten und Kunstkursen gibt es beim Tourismusbüro.

Das Rauschen der Naab zieht aber auch Freizeitsportler an. Die Stromschnellen begeistern Angler, Wassersportler und Schwimmer. Man kann Boot- und Kanuwandern, auf Islandpferden Steppenreiten, Gleitschirmfliegen, Fuß- und Flusswandern oder mit dem Fahrrad den Naabtal-Radweg erkunden.

> *http://tourismus.kallmuenz.de*

BURGLENGENFELD

21 BULMARE & WILDPARK HÖLLOHE

▶ **Burg-, Wasser- und Naturspaß**

Burglengenfeld bietet neben seiner imposanten Festung auch viele Freizeitmöglichkeiten wie Angeln, Radfahren, Paddeln und Kanufahren. Die größte Attraktion für Familien ist jedoch das Wohlfühlbad Bulmare mit Sport- und Erlebnisbecken, Sprudelbucht, einer 75 m langen Riesenrutsche und großer Saunalandschaft.

Ein empfehlenswerter Ausflug für einen entspannten Ferientag ist der malerisch um einen Weiher gelegene INSIDER TIPP Wild- und Freizeitpark Höllohe im nur wenige Kilometer entfernten Teublitz. Hier begegnet man nicht nur heimischen Wildtieren aller Art, sondern auch Sumpfschildkröten, Waschbären und Eulen – Streichelzoo mit Fütterungsmöglichkeit inklusive. Gleich daneben befindet sich das Naturbad Höllohe mit Wasserrutsche, Skaterbahn, Beachvolleyball und einem großen Waldspielplatz.

> *Burganlage, Tag des offenen Burgtores: Mai-Okt. jeden 2. So./Monat*

> *Bulmare, Naabtalpark 44, www.bulmare.de*

> *tgl. 10-22 Uhr*

Tausendjährige salische Burganlage – eine der Wiegen der Wittelsbacher

HEIDENHEIM

22 HAHNENKAMMSEE

▶ **Natur mit allen Sinnen erleben**

Als der Hahnenkammsee 1977 der Öffentlichkeit übergeben wurde, hatte eine weitere Attraktion Premiere: der „Geologische Pfad", der hier beginnt. See und Lehrpfad, obwohl ganz unterschiedliche Freizeitziele, sind gleichermaßen typisch für die bewegte Juralandschaft. Harmonisch bettet sich das künstliche Gewässer ins Tal der westlichen Rohrach und ist mittlerweile ein beliebtes Surf-, Tretboot- und Ruderrevier geworden – mit ausgedehnten Liegewiesen, schönen Sandstränden, Grillplatz und Badezonen.

See-Idylle fernab des großen Trubels

Wasserlos, aber keineswegs trocken geht es auf dem „Geologischen Pfad" zu, dessen südlicher Teil am Hahnenkammsee beginnt. Hier finden Sie Tafeln mit erdgeschichtlichen Erläuterungen, die Sie an den sogenannten Aufschlüssen studieren können. Der gesamte Pfad unterteilt sich in zwei Tagesrouten (22 bzw. 24 km), man kann jedoch auch die nur 6 km lange Kurzroute begehen.

Für Familien mit Kindern ungleich vergnüglicher ist jedoch der INSIDER TIPP Hahnenkamm-Erlebnispfad, ein interaktiver Naturlehrpfad, der von Jugendlichen eines internationalen Workcamps errichtet wurde. Auf einem 4 km langen Rundweg durch kunterbunte Landschaft reihen sich 14 Stationen, an denen man selbst aktiv werden kann: Lebensraumquiz, Waldmusik, Duftorgel, Windstation, Waldtelefon oder Verkehrte Welt sind nur einige der Stationen, die sinnliche Erlebnisse und Lernerfahrungen der besonderen Art vermitteln. Der Eingangspavillon befindet sich am Schullandheim, 3 km südöstlich von Heidenheim.

TREUCHTLINGEN

23 ALTMÜHLTHERME

▶ **Schwimmen, rutschen, saunen**

Das Treuchtlinger Thermalwasser aus der Burgstall- und Lambertusquelle kommt aus 800 m Tiefe und speist mehrere Thermal-Innen- und Außenbecken. Auf dieses gesunde Nass – eine Wohltat für Körper und Seele – treffen Sie in der Altmühltherme. Bodensprudler und Massagedüsen, Strömungskanal und Sprudelbänke, Wasserfall und Lichtergrotte tragen zu Ihrem Wohlbefinden bei. Sportbegeisterte hingegen wissen das 50-Meter-Heilwasser-Schwimmbecken für ein optimales Training zu schätzen.

Im Hallenwellenbad erwartet Sie kühle Meeresbrandung sowie ein ausgedehnter Fun-Bereich mit Sprunganlage (bis 5 m Höhe), zwei Riesenrutschen und einem Wasserspielgarten für die Jüngsten. Dampfbad, Sauna, Solarium und die

Urlaub für Körper und Seele

Totes-Meer-Salzgrotte laden anschließend wieder zum Aufwärmen ein, bevor man rundum entspannt den Heimweg antritt.

> *Altmühltherme, Bürgermeister-Döbler-Allee 12, www.altmuehltherme.de*
> *Thermalbad: Sa.-Mo. 9-20, Di.-Do. 9-21, Fr. 9-22 Uhr*
> *Hallen-Wellenbad & Fun: Fr. 14-22, Sa./So. 9-20 Uhr (bayer.Schulferien tgl.)*

PAPPENHEIM

24 BURG PAPPENHEIM

▶ Traumburg mit einmaligem Ausblick

Seit Friedrich Schiller seinem Wallenstein den berühmten Ausspruch „Daran erkenn' ich meine Pappenheimer" in den Mund legte, spricht man mehr über diese geflügelten Worte, die ursprünglich als Inbegriff für Treue und Zuverlässigkeit galten, als über die imposante zweihöfige Spornburg. Wer hoch hinaus will, sollte – über eine abenteuerliche Holztreppe – auf den gut 30 m hohen Burgturm steigen. Der Panoramablick ist dann fast ein Geschenk des Himmels. Dass hier nicht immer harmonische Zeiten herrschten, zeigen die Kriegs- und Foltergeräte im Burgmuseum und die Ausstellung über das Geschlecht der Pappenheimer. Weiter gibt es ein Natur- und Jagdmuseum mit Augenmerk auf der Fauna des Altmühltals. Besonders schön sind der liebevoll angelegte botanische Garten mit über 1300 Gewächsen

Hier nahm das Sprichwort seinen Lauf

und einem historischen Kräuter- und Weingarten sowie der wunderbare Wildrosengarten.

Beliebt sind auch die rund übers Jahr veranstalteten INSIDER TIPP **Burgevents**: das sogenannte Niederländtertreffen im Juni, mittelalterliche Märkte, Ritterturniere (inklusive Kinderturniere) bis hin zur romantischen Burgweihnacht.

> *Burg Pappenheim, www.grafschaft-pappenheim.de*
> *Mai-Sept. tgl. 10-18, April u. Okt. tgl. 10-17 Uhr; Führungen: nach Voranmeldung*

PAPPENHEIM

25 ROSENHOF BIESWANG

▶ Ein Paradies für Pferdefreunde

Auf dem Rosenhof Bieswang gibt es viel zu erleben: Unter dem Motto „Urlaub, Abenteuer und Entspannung" bietet der Reiterhof sowohl klassischen Reitunterricht als auch heilpädagogisches Reiten. Kleine Gäste werden spielerisch an den Umgang mit Pferden und das Reiten herangeführt,

Das Glück der Erde ...

wobei ihre Mitarbeit beim Striegeln, Füttern und Ausmisten gefordert ist. Ältere Besucher erhalten Hintergrundwissen rund um die Welt des Pferdes und erfahren, welch wichtigen Beitrag die Tiere auch bei der Linderung unterschiedlichster motorischer und psychischer Probleme zu leisten vermögen. Eingebettet in ein natürliches Ambiente mit vielen Kleintieren kommt auch das Abenteuer nicht zu kurz: bei Nachtwanderungen, Kochen am Lagerfeuer, Übernachtungen im Tipi, Stroh oder Ritterlager, beim Trailreiten auf dem Erlebnisparcours, Reiterspielen sowie geführten Ausritten und Trekkingtouren. Wanderreiter und Tagesgäste sind nach Voranmeldung ebenfalls willkommen. Man sollte jedoch nicht erwarten, direkt aufsteigen und ausreiten zu können, denn der respektvolle Umgang mit den Tieren setzt nicht nur technisches Können, sondern auch eine Beziehung zwischen Reiter und Pferd voraus – und die will erst geschaffen werden.

> *Rosenhof Bieswang, Rosengasse 24, Tel. 09143/840449, www.rosenhof-reiten.de*

ALTMÜHLTAL

26 NATURPARK ALTMÜHLTAL

▶ Natur mit allen Sinnen erfahren

Der Naturpark Altmühltal beeindruckt durch seine landschaftliche Vielfalt. Die Felsgruppe „Zwölf Apostel" mit ihren herausragenden Jurafelsen ist das beliebteste Fotomotiv der Gegend. Aber auch sonst lohnt es sich, die Kamera griffbereit zu halten: Unzählige Flusswindungen, zerklüftete Felsen mit Schlössern, Burgen und Ruinen bestimmen das Bild. Besonders fotogen ist die Strecke zwischen Treuchtlingen und Kelheim, die man auch einmal ganz anders – nämlich vom Paddelboot aus – betrachten sollte.

Wer die Natur und insbesondere den Wald nicht nur sehen, sondern auch sinnlich erleben will, sollte das INSIDER TIPP Walderlebniszentrum Schernfeld besuchen. Fest angelegte Rundwege führen ins Waldesinnere, bei einer etwa 1 km langen Sinneswanderung riecht, hört und ertastet man die Naturwunder, ein Pirschpfad lädt zur Entdeckung der Tierwelt ein, und der Abenteuerspielpfad mit diversen

Landschaften wie aus dem Bilderbuch: die Felsgruppe „Zwölf Apostel"

Stationen erprobt die Geschicklichkeit und den Teamgeist der Besucher. Ein überaus lehrreiches und kurzweiliges Vergnügen!
> *Naturpark Altmühltal, www.naturpark-altmuehltal.de*

SOLNHOFEN

27 MUSEUM SOLNHOFEN

▶ **„Die Welt in Stein"**
Das 2014 komplett neu gestaltete Museum Solnhofen zeigt eine großartige Fossiliensammlung aus dem Plattenkalk, darunter auch das Original des berühmten Urvogels (Archaeopteryx), den äußerst seltenen Raubfisch „Amblysemius" oder gar eine Schlange mit vier Beinen. Etwa 135 bis 150 Mio. Jahre alt sind die versteinerten Urahnen der heutigen Tierwelt. Der neu geschaffene Paläozoo im Erdgeschoss entführt die Besucher in das Solnhofenarchipel, ein tropisches Paradies aus Inseln und Lagunen, dessen fossile Tierwelt ebenfalls ausgestellt ist. Bekannt wurde der Solnhofer Plattenkalk jedoch erst über das Aufkommen des Steindrucks – hier im Jahr 1798 erfunden von Alois Senefelder. Daher sind die Geschichte der Lithografie sowie eine Reihe von Siebdrucken im Obergeschoss des Museums zu finden. Dort stehen auch zwei Druckpressen: eine historische und eine moderne – zum Vergleich.
> *Museum Solnhofen, Bahnhofstr. 8, www.museum-solnhofen.de*
> *April-Okt. tgl. 9-17, Nov.-März So. 13-16 Uhr*

Der Urvogel Archaeopteryx

Naturwunder Fossilien

MÜHLHEIM

28 FOSSILIEN-BESUCHER-STEINBRUCH

▶ Fossiliensuche mit Fundgarantie!

Fossilienbegeisterte, die auf der Spur des Pfeilschwanzkrebses sind, werden vielleicht im Fossilien-Besucher-Steinbruch in Mühlheim fündig. Das Gestein, das hier erforscht und nach Fossilien durchsucht werden kann, zählt zu den „Mörnsheimer Schichten", die von einer hohen Anzahl an Versteinerungen durchzogen sind. Hammer und Meißel sind gegen eine Gebühr direkt beim Steinbruch auszuleihen.

Hochinteressante und sehr schön anzusehende Fossilien wurden hier schon von Besuchern aus dem Stein gehauen: Reptilienzähne, Muschelnester, Seeigel, Ammoniten jeder Art, Tintenfische, Krebse und sogar ein Pleurosaurier. Falls Ihnen unerwarteterweise das Glück nicht hold sein sollte, können Sie fachmännisch präparierte Fossilien auch direkt im Steinbruch erwerben. Ein Lehrpfad mit mehreren Stationen informiert über die Geologie und Zusammensetzung der Steinbrüche, die Entstehung der Lagunen in der Vorzeit, die Bergung der Solnhofer Platten, die Gewinnung der Natursteine sowie die vielfache Verwendung des Materials im Wohnungsbau.

> *Fossilien-Besucher-Steinbruch Mühlheim, www.besuchersteinbruch.de*

> *April-Okt. tgl. 10-16 Uhr*

WELLHEIM

29 KLETTERFELSEN

▶ Eldorado für Profi-Kletterer

Wenn in den Alpen Schnee liegt, bieten die Kletterfelsen des Naturparks Altmühltal optimale Bedingungen und hervorragende Trainingsplätze. Das Konsteiner Klettermassiv mit Burgsteinfelsen, Madonna und dem berüchtigten Dohlenfelsen ist nur auf Routen vom 3. bis zum 10. Schwierigkeitsgrad zu bezwingen, obwohl seine geringe Höhe recht harmlos erscheinen mag. Beobachtet man jedoch die Überwindung der Steilwände durch Könner, so wird man bescheiden die kleineren und griffigeren Übungsfelsen

Eine Herausforderung für Alpinisten: der Dohlenfelsen

in Angriff nehmen oder sich mit dem Zuschauen begnügen. Unerfahrene und Kinder sollten sich also zunächst einmal am gut abgesicherten Kletterfelsen „Asterix und Obelix" versuchen, der 500 m östlich des Dohlenfelsens liegt.

Für alle, die das Klettern gern einmal ausprobieren wollen, bietet das Yezzt-Outdoorzentrum in Solnhofen INSIDER TIPP Einsteiger- und Fortgeschrittenenkurse an. Das Spektrum reicht dabei von eintägigen Schnupperkursen über systematische, zweitägige Aufbauschulungen bis hin zu Kombipaketen aus Kayak- und Kletter-Erlebniswochenenden für Erwachsene und Kinder ab 12 Jahren.

> *YEZZT: Die AktivMühle, Buchungszentrale Augsburg, Tel. 0821/343464-0, www.aktivmuehle.de*

EICHSTÄTT

30 MUSEUM BERGÉR

▶ Erst staunen, dann suchen

Eine spannende Kombination aus Theorie und Praxis bietet das Museum Bergér: Zunächst kann man die Tier- und Pflanzenwelt der Jurazeit anhand schön präparierter Versteinerungen bestaunen und gleich danach selbst auf Fossiliensuche im nahe gelegenen Steinbruch gehen, in dem sich Hobbygeologen aus allen Teilen Deutschlands treffen. Bei Bedarf leiht Ihnen das Museum das nötige Werkzeug und Sie bekommen auch Tipps für die Suche. Wie genau geklopft wird, können Sie eigenhändig ausprobieren oder es sich vom Fachmann ausführlich zeigen lassen. Dabei hat man alle Hände voll zu tun, denn in den 150 Mio. Jahre alten Juraschichten sind – mit etwas Ausdauer und Geduld – seltene Versteinerungen zu finden: Dendriten, Haarsterne, kleine Ammoniten, Krebslarven oder Knochenfische. Im Steinbruch gilt übrigens noch das alte Goldgräbergesetz: Claim abstecken, Glück haben, Fund behalten.

> *Museum Bergér, Harthof 1, www.museum-berger.de*
> *Ostern-Sept. Mo.-Fr. 13.30-17, Sa./So. 10-17 Uhr*
> *Steinbruch: Ostern-Okt. tgl. 10-17 Uhr*

Urzeit zum Anfassen

31 WILLIBALDSBURG

▶ Auf Du und Du mit dem Juravenator

Die Willibaldsburg wurde nach dem Bischof und Klostergründer Willibald von Eichstätt benannt. Die heutige Anlage entstand von 1353 bis 1365 als Schutz- und Trutzburg, denn zu jener Zeit brauchten selbst Bischöfe „eine feste Burg", um sich gegen Feinde zu behaupten. In der zweiten Hälfte des 16. Jhs. wurde die Burg erweitert und ein Jahrhundert später zum Schloss umgebaut.

Heute beherbergt die Willibaldsburg zwei Museen. Im Museum für Ur- und Frühgeschichte präsentieren sich eiszeitliche Tierskelette wie Höhlenhyäne, Rentier und das über 50 000 Jahre alte Mammut, von dem es sogar ein zimmergroßes Exemplar gibt. Den Schwerpunkt des Jura-Museums Eichstätt bilden 150 Mio. Jahre alte Fossilien der Solnhofener Plattenkalke, darunter der Raubdinosaurier Juravenator sowie ein Exemplar des Urvogels Archaeopteryx, dem – gemeinsam mit der Geschichte der Vogelevolution – ein eigener Saal gewidmet ist. Eine Multivisionsschau zur Entwicklung des Lebens, interaktive Computerprogramme und monatliche Veranstaltungen der INSIDER TIPP Forschungswerkstatt für Kinder garantieren Spaß und machen den Museumsbesuch zu einem sinnlichen Erlebnis.

„Hortus Eystettensis" neu aufgelegt

> *Museum für Ur- und Frühgeschichte, www.histver.de*

> *Jura-Museum Eichstätt, www.jura-museum.de*

> *April-Sept. Di.-So. 9-18, Okt.-März Di.-So. 10-16, kostenlose Führungen: So. 14 Uhr*

Die Willibaldsburg: einst eine Bischofsfeste, heute Sitz interessanter Museen

32 BASTIONSGARTEN EICHSTÄTT

▶ Ein Garten wie aus dem Buche

Anfang des 17. Jhs. war auf der Willibaldsburg die Pflanzenwelt des „Hortus Eystettensis" (Eichstätter Garten) zu Hause. Leider hat der originale „Hortus", der vom Nürnberger Apotheker Basilius Besler angelegt wurde, nur in einem Buch überlebt, dessen erste Auflage im Jahre 1613 erschien. Diesen prächtigen, mit farbigen Kupferstichen ausgestatteten Band konnten sich nur sehr Begüterte leisten, denn er kostete rund 500 Gulden. Zum Vergleich: Ein Handwerker verdiente etwa 100 Gulden im Jahr. Im „Hortus Eystettensis", von dem heute nur noch 28 Exemplare existieren, sind auf 367 ganzseitigen Kupferstichtafeln 1084 Pflanzenporträts dargestellt. Die meisten der abgebildeten Pflanzen stammen aus deutschen Regionen, doch werden auch 209 süd- und südosteuropäische, 63 asiatische, 23 amerikanische und sogar neun afrikanische Pflanzenarten aufgeführt.

Ein großer Teil der Pflanzenwelt Beslers ist im Bastionsgarten auf der Willibaldsburg auf rund 2000 m² zu bestaunen. Die Beete sind gemäß der Reihenfolge des Buches und nach Jahreszeiten angeordnet. Es war nicht ganz einfach, diese Pflanzen zu besorgen, stehen doch viele auf der Roten Liste und sind daher kaum noch erhältlich. Einige andere wurden durch Weiterzüchtung so sehr verändert, dass ihre Ursprünglichkeit verloren ging. Um die einmalige Anlage auch angemessen wertschätzen zu können, sollte man nach Möglichkeit an einer geführten Besichtigung teilnehmen.

> *Bastionsgarten Eichstätt, Burgstr. 19*

> *Ostern-Mitte Okt. Di.-So. 9-18 Uhr; Führungen: Mai-Sept. 2./4. So. im Monat 15.30 Uhr*

33 HANDWERK ERLEBEN

▶ Handwerksluft schnuppern

Sehr schön ist die Initiative der Stadt Eichstätt, einen Handwerkspfad einzurichten, für den viele Betriebe gewonnen werden konnten. Sieben davon liegen in der Innenstadt, weitere fünf etwas außerhalb. Am Marktplatz wird Zinngeschirr

Zinngießer Eisenhart bei der Arbeit

gegossen, und in zwei Goldschmieden ist Schmuck zu bestaunen. Ein Atelier vertreibt Wollfilz-Artikel, eine Lithografie-Werkstatt informiert über Steindruck. Ein Seifenstüberl und eine Keramik-Manufaktur zeigen die Herstellung ihrer Produkte, ein Bildhauer und ein Steinmetz führen vor, wie Skulpturen entstehen. Ein Metallbauermeister erklärt die Geheimnisse der Metallmechanik, und beim Destillateurmeister gibt es Edelbrände zu kaufen – und zu verkosten! Für Atelierbesichtigungen und Werkstattführungen bitte voranmelden, die Broschüre dazu gibt's bei der Tourist-Information.

> *Tourist-Information Eichstätt, Domplatz 8, Tel. 08421/6001-400, www.eichstaett.de/handwerkerleben*

Eichstätter Residenzplatz mit Mariensäule

EICHSTÄTT

34 BAROCKSTADT

▶ **„Die Leichtigkeit des Scheins"**

Für den unvorbereiteten Besucher ist Eichstätt einfach überwältigend. Doch auch Kunstkenner schätzen die Stadt als eine Metropole des Barock, die alle Erwartungen erfüllt! Der bauliche Gleichklang und die dadurch herrschende Harmonie bestimmen das Stadtbild: Bürgerhäuser stehen neben Dom und Residenz, als weltliche und geistliche Repräsentanten zeichnen sie ein herrschaftliches und großzügiges Ensemble. Im Dom ist der Grabaltar des heiligen Willibald seit Jahrhunderten ein geistliches Zentrum. Der Residenzplatz mit Marienbrunnen und -säule gilt als einer der schönsten Barockplätze Süddeutschlands. Und eine Führung durch den Dom und die Residenz selbst entspricht wahrlich einem kunsthistorischen Grundkurs.

> *www.eichstaett.de/barock*
> *Dom- und Residenzführung: April, Mai, Okt. Mo., Mi., Fr. 11, Juni-Sept. Di., Do., Fr. 11 Uhr*

ADELSCHLAG

35 VILLA RUSTICA

▶ **Römische Wohnkultur**

Die auf dem Originalfundament rekonstruierte Villa Rustica bei Möckenlohe zeigt, wie in der römischen Provinz vor 1900 Jahren gelebt wurde. Das Landhaus besaß eine formschöne Apsis in der großen Halle, verglaste und durch Gitter geschützte Fenster sowie eine Feuerstelle, die von außen bedient wurde. Im Hof befand sich neben den Ställen und einer Heizanlage auch ein Backhaus. All diese Details bezeugen die hohe Wohnkultur der Römer. Durch einen säulengeschmückten Portikus gelangen Sie zum Hauptgebäude, unter dem sich ein gut erhaltener Keller befindet. Die in der Villa ausgestellten Ausgrabungsfundstücke gewähren Einblicke in die römische Haus- und Landwirtschaft, und der Haustierpark hinter der Villa zeigt Tierrassen, die schon auf den Reliefdarstellungen aus der Römerzeit zu finden sind.

Umtriebig wird es in der Villa Anfang August beim INSIDER TIPP traditionellen Erntefest, an dem ein ganzes Wochenende lang römische Gebräuche mitzuerleben sind. Ein Fest fürs Auge sind dann sicher die Quadrigafahrten: Streitwagen in friedlichem Gebrauch, auf denen die Festbesucher ebenfalls mitfahren dürfen. Aber auch die vielen Vorführungen, das römische Markttreiben sowie die abendliche Runde am Lagerfeuer und in der Taverne sind ein einmaliges Erlebnis.

Antiker Komfort: die römische Villa Rustica

> *Villa Rustica, Tauberfelder Weg 1, www.roemervilla-moeckenlohe.de*
> *Palmsonntag-Okt. Di.-Fr. 15-16, Sa./So. 13-17 Uhr*

HITZHOFEN

36 JURA-BAUERNHOF-MUSEUM

▶ Bäuerliches Leben anno dazumal

Kennzeichnend für die Jura-Bauten im Altmühltal ist die Verwendung von Materialien aus nächster Nähe: die Mauern bestehen aus Kalkbruchsteinen, die Balken stammen aus heimischen Wäldern, und die Dächer sind mit Legschiefer, d.h. Kalkplatten aus den Steinbrüchen der Altmühlalb, gedeckt. Der bereits 1551 erwähnte Kipferlerhof in Hofstetten ist solch ein typisches Altmühl-Jura-Haus, bestehend aus einem 3-geschossigen Wohnstall-Haus sowie externen Stallungen, Stadel, Nutzbauten wie Backofen, Brunnen oder Bienenstand und Gärten.

Im Hausinnern taucht man ein in die Welt der Jurabauern und kann sich anhand der original Einrichtungsgegenstände vor Augen führen, wie bäuerliche Hauswirtschaft einst funktionierte: von der Wohnstube mit gusseisernem Ofen aus dem Jahr 1759 über Küche und Speisekammer mit zahlreichen Kochutensilien hoch zu den Schlafkammern mit Himmelbett. Die Ställe, der Heuboden und die Werkstatt mit ihren Gerätschaften geben Einblick, welche Arbeiten übers Jahr zu bewältigen waren, um als Selbstversorger überleben zu können. Anschaulicher kann man Geschichte nicht vermitteln!

Außerdem hält der prall gefüllte Veranstaltungskalender des Museums viele schöne Events parat: fünfmal jährlich kann man Brotbacken erlernen, in der guten Stube des Museums werden Gruselgeschichten für Kinder erzählt, im Juni steigt das Museumsfest mit traditionellem Bauern- und Handwerkermarkt und zum Saisonabschluss im Oktober findet die Museumskirchweih statt.

> *Jura-Bauernhof-Museum, Schlossstr. 19, 85122 Hitzhofen-Hofstetten, www.jura-bauernhof-museum.de*
> *Ostern-Mitte Okt. Di.-Fr. 14-16, Sa./So. 14-17 Uhr*

Himmelbett für himmlische Träume

WALTING

37 KASTELL VETONIANA

▶ Leben am Limes begreifen

Um den wichtigen Brückenübergang über die Altmühl und die Nachschubwege zum 10 km entfernten Limes zu sichern, errichteten die Römer vor rund 2000 Jahren das „Castra Vetoniana". Dieses Kastell beherbergte in jener Zeit eine Kohorte aus 120 Reitern und 380 Fußsoldaten.

Um eine bessere Vorstellung vom römischen Leben zu bekommen, wurde die steinerne Nordfassade des Truppenlagers originalgetreu rekonstruiert: In einem der Tortürme befindet sich eine römische Wachstube, in der sogar Soldaten in ihrer Ausrüstung zu sehen sind. Am Nordtor beginnt auch ein 800 m langer Lehrpfad mit verschiedenen Stationen, der als Rundgang durch das Lager führt – bis zum Lagerdorf vor dem Südtor. Auf Tafeln wird die Geschichte des Kastells erzählt, die Anlage mit den Gebäuden des Lagerdorfes erläutert und auf Funde hingewiesen, deren Originale im Museum für Ur- und Frühgeschichte auf der Eichstätter Willibaldsburg (siehe S. 28) ausgestellt sind.

Für Familien mit Kindern lohnt es sich, die INSIDER TIPP Besichtigung des Kastells Vetoniana mit einem Besuch der rund 20 km entfernten Burg Kipfenburg zu verbinden: Im dortigen Römer und Bajuwaren Museum ist nämlich auch ein Infopoint Limes untergebracht, wo anhand von Filmen, Modellen römischer Anlagen und diversen Gerätschaften das Leben der Römer am Limes sowie die Zeit der Völkerwanderungen anschaulich gemacht wird.

> *Heimatverein Vetoniana, www.vetoniana.de*

> *Römer und Bajuwaren Museum, Burg 1, 85110 Kipfenberg, www.bajuwaren-kipfenberg.de*

> *April/Mai, Sept./Okt. tgl. 10-16, So. bis 18, Juni-Aug. tgl. 10-18, So. bis 19 Uhr*

38 FEUCHTGEBIETSLEHRPFAD PFÜNZ

▶ Libellen, Molche und Erdkröten

Der Naturpark Altmühltal ist ein ideales Gebiet für jede Art von Touren – egal ob zu Fuß oder auf dem Drahtesel. Ein besonderer Abschnitt beginnt beim Parkplatz nördlich der alten, sehenswerten Pfünzer Brücke (die vermutlich auf das 15. Jh. zu-

Eckturm, Verbindungsmauer und Nordtor des ehemaligen Kohortenkastells

rückgeht) an der kleinen Straße nach Inching: der Feuchtgebietslehrpfad Pfünz. Und da Feuchtgebiete zu den besonders gefährdeten Lebensräumen gehören,

Die Pfünzer Brücke führt über die Altmühl

erläutert der 7 km lange Pfad auf 20 Stationen mit Informationstafeln die Bedeutung von Biotopen und wirbt für einen respektvollen und verantwortungsbewussten Umgang mit ihnen. Gleichzeitig erfährt man viel über weniger vertraute Tiere wie Köcherfliegen, Erdkröten oder Molche. Der fast ausschließlich eben verlaufende Spaziergang dauert rund zwei Stunden und ist gut ausgeschildert: Als Markierungssymbol dient ein Frosch.

> *www.urlaub-im-altmuehltal.de (Menüpunkt Walting)*

39 WACHOLDERHEIDE

▶ Wechselvolles Farb- und Formenspiel

Dort, wo die Altmühl einen Bogen macht und sich auf einigen Hundert Metern in Richtung Quelle zurückbewegt, bevor sie dann wild entschlossen nach Nordosten schwenkt, rahmt sie ein zauberhaftes Stückchen Natur: die Wacholderheide bei Gungolding. Sie ist eines der ältesten Naturschutzgebiete in Bayern. Je nach Jahreszeit liegt Liebreiz oder Kühle über der Landschaft, die unberührt und still auf alle diejenigen wartet, die auch mit den Augen wandern. Schlehen, Wildrosen und Berberitzen blühen auf dem Halbtrockenrasen und geben der eher kargen Region einen liebenswürdigen Charme.

Wacholder – Markenzeichen des Altmühltals

Eine besondere Art, dieses Naturparadies zu erleben, bietet der Markt Mörnsheim: Beim INSIDER TIPP „Kulinarischen Schäferstündchen" spazieren Sie in einer rund 2-stündigen Wanderung mit einem Schäfer und seiner Herde über die Wacholderheide und hören Geschichten aus seinem Arbeitsalltag. Danach geht es in ein Restaurant, wo Sie Spezialitäten vom „Altmühltaler Lamm" genießen können. Die Schäferstündchen finden an ca. neun Terminen zwischen Mai und September statt, Anmeldung 7 Tage vor Termin.

> *Markt Mörnsheim, Kastnerplatz 1, Tel. 09145/83150, www.moernsheim.de*

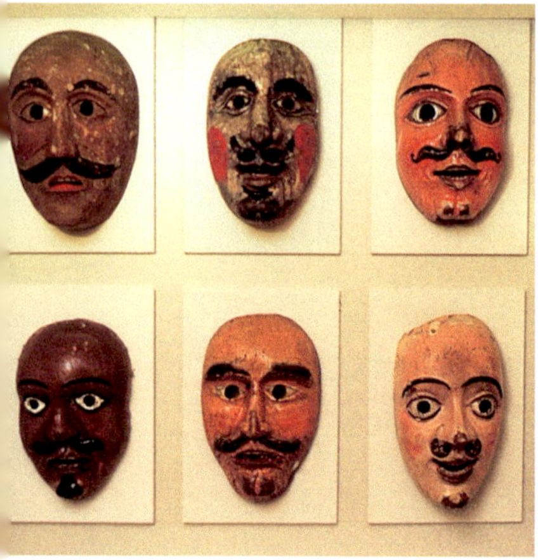

Fantasievolle Faschingsmasken

Entspannen im Freizeitparadies

KIPFENBERG

40 FASTNACHTSMUSEUM FASENICKL

▶ Ein närrisches Vergnügen

Die Fastnacht in Kipfenberg wird von einer schlitzohrigen Figur regiert, dem „Fasenickl". Durch seine aufwendige Kostümierung und seine ausgeprägten Rituale ist er eine der zentralen Figuren alter fränkischer Fastnacht und deshalb auch im Fastnachtsmuseum im Torwärterhaus zu besichtigen. Die legendäre Brauchtumsfigur verbirgt sich hinter handgefertigten Masken, geschnitzt aus Lindenholz. Das Kostüm besteht aus grobem Sackleinen, auf das rote Filzrauten aufgenäht werden. Und auf der Kopfhaube sitzt der kunstvolle „Scheberer" oder Schellenbaum mit bunten Bändern und dem Hahnenfederbusch. Dazu gehört eine kurzstielige Peitsche an einer langen, gedrehten Schnur.

> *Fastnachtsmuseum Fasenickl, Torbäckgässchen 1, www.fasenickl.de*

> *Fr. 18-21, So. 14-18 Uhr*

KINDING

41 FERIENPARK KRATZMÜHLE

▶ Erfrischung an heißen Sommertagen

Im Herzen des Naturparks Altmühltal liegt der Ferienpark Kratzmühle. Fast die Hälfte des Areals beansprucht der künstlich angelegte See – eine ideale Wasserfläche zum Baden, Schwimmen, Rudern oder Angeln, die von weiten Liegeplätzen und Wiesen mit Schatten spendenden Bäumen umgeben ist. Familien mit Kindern schätzen den flach abfallenden Sandstrand und die abgegrenzte Badezone für Nichtschwimmer. Ein Ruder- und Tretbootverleih sowie eine Minigolfanlage befinden sich gleich neben dem Seerestaurant Kratzmühle, das mit einer schönen Terrasse und einem Wintergarten auf den See hinaus aufwartet. Für Angler stehen eigens ausgewiesene Uferzonen zur Verfügung.

Die historische Kratzmühle, die in ihrer langen Geschichte bereits als Mahlmühle, Säge- und Wasserkraftwerk fungierte, beherbergt im Obergeschoss ein Technikmuseum. Dort wird neben alten Gerätschaften aus Landwirtschaft, Handwerk, Haushalt, Verkehrswesen und Medizin auch gezeigt, welch bahnbrechende Auswirkungen die Entdeckung und Nutzung der Elektrizität auf das Leben und Arbeiten im Altmühltal hatte. Spannende Mitmachaktionen für Kinder gibt es an ausgewählten Sonntagen – also Webseite checken!

> *„Technik anno dazumal"- Museum Kratzmühle, Mühlweg 1,*
www.museen-anno-dazumal.de

> *April-Okt. Mi. u. Sa. 14-18, So. 10-18 Uhr*

BEILNGRIES

42 ALTMÜHLTALER ABENTEUERPARK

▶ Kletterspaß vom Anfängerlevel bis zum ultimativen Kick für Profis

Sieben Parcours unterschiedlicher Schwierigkeitsgrade und jede Menge Spaß – das bietet der Altmühltaler Abenteuerpark. In einem schönen Waldstück am Hang können Anfänger ab 8 Jahren bzw. 1,25 m Körpergröße sowie Profis ihre Kraft, Ausdauer und Geschicklichkeit erproben. Für Anfänger gibt es einen Start- sowie einen leichten Parcours, auf dem man erste Erfahrungen sammeln kann, etwas geübtere Kletterer finden zwei Routen mittleren Schwierigkeitsgrades. Könner toben sich auf zwei anspruchsvollen Parcours aus und erleben Adrenalinschübe bei 6 spektakulären Seilfahrten, von denen eine sogar den Parkplatz überfliegt. Ein schwerer Parcours verspricht den ultimativen Kick für Profi-Kletterer ab 16 Jahren.

Schlechtes Wetter, aber trotzdem Lust aufs Klettern? Kein Problem – die gleich nebenan gelegene INSIDER TIPP Boulderhalle „b34" verfügt über 100 Boulder-Routen. Wer also ohne Seil und Gurt, nur an Felsgriffen, wie eine Spinne die bis 4 m hohen Wände hinaufklettern möchte, ist hier richtig. Falls es doch einmal abwärts gehen sollte – dicke Schaumstoffmatten machen den Aufprall zu einem Vergnügen.

Nervenkitzel für Seilartisten

> *Altmühltaler Abenteuerpark, Bräuhausstr. 36,*
www.altmuehltaler-abenteuerpark.de

> *April-Juni u. Sept. Sa./Sa. 10-19, Juli Mo.-Fr. 12.30-19, Sa./So. 10-19, Aug.-Mitte Sept. tgl. 10-19, Okt. Sa./So. 12-18 Uhr*

> *b34, Bräuhausstr. 34, www.b-34.de*

> *Mo.-Fr. 17-22, Sa./So. 16-22 Uhr*

BEILNGRIES

43 SPIELZEUGMUSEUM BEILNGRIES & STADTTÜRME

▶ Pralles Spielzeugleben bestaunen

Beilngries ist ein hübsches Örtchen, in dem es sich schön flanieren lässt: beispielsweise bei einem Spaziergang entlang der neun Mauertürme aus dem 14. Jahrhundert, deren Geschichte und Funktion auf Tafeln erzählt wird. Und im ehemaligen Franziskanerkloster in der Hauptstraße befindet sich ein Museum über drei Etagen, das Nostalgikerherzen höher schlagen lässt. Vom „Kulturhistorischen Verein Beilngries-Kinding" wurde schönes Spielzeug von anno dazumal liebevoll zusammengetragen. Unter den

Wertvolle Sammlerstücke

wertvollen Sammlerstücken befinden sich Exponate, die so mancher Besucher noch aus seiner Kinderzeit kennt: historische Eisenbahnen und buntes Blechspielzeug, schöne Kaufmannsläden und zierliche Puppenküchen, niedliche Teddybären und gut ausgestattete Puppenhäuser, ratternde Dampfmaschinen und unzählige Zinnfiguren. Kinder werden beim Anblick der faszinierenden Spielzeugwelt bestimmt große Augen bekommen, aber ein bisschen Wehmut ist sicher auch dabei – all die schönen Verlockungen sind nämlich außer Reichweite oder hinter Vitrinen untergebracht.

> *Spielzeugmuseum Beilngries,*
Hauptstr. 49,
www.museen-anno-dazumal.de

> *April-Okt. Mo.-Fr. 14-16, Sa. 14-18,*
So. 10-18, Nov.-März Mi. 14-16,
Sa./So. 13-17 Uhr

Antriebsräder der historischen Mühle

DIETFURT

44 ALTMÜHLTALER MÜHLENMUSEUM

▶ Beeindruckende Erlebnistour bei laufender Mühle

Wer nach Dietfurt mit seinen bunt getünchten Häusern, schönen Plätzen und malerischen Wasserläufen kommt, sollte unbedingt einen Abstecher ins Mühlenmuseum machen. Dreimal täglich empfängt Rudi Rengnath dort die Besucher zu einer Besichtigung bei laufender Mühle.

Zunächst gibt es eine rund viertelstündige Einweisung, bei der die Geschichte der Mühle und der Mahlvorgang erklärt werden, dann wird es spannend: Herr Rengnath wirft die Mühle an. Es ist unglaublich beeindruckend, die mit Riemen verbundenen Räder drehen zu sehen und bei der anschließenden eigenständigen Besichtigung über drei Etagen den Mahlmechanismus zu verfolgen. Auf allen Stockwerken sind alte landwirtschaftliche Geräte, ja sogar ausgestopfte Tiere zu sehen, die mit Erklärungstafeln bestückt sind, sodass der Besuch sich als eine nostalgische Reise in die Vergangenheit gestaltet.

Dies gilt auch für ein weiteres Kuriosum, das sich im zweiten Stockwerk befindet: eine kleine Ausstellung zu INSIDER TIPP Elvis Presley auf Manöver in Bayern mit Originalaufnahmen amerikanischer Militärfotografen, die den „King" von seiner weniger bekannten Seite zeigen.

> *Altmühltaler Mühlenmuseum, Hauptstr. 36, www.altmuehltalermuehle.de*
> *tgl. 8-20, Führungen: 10, 14, 16 Uhr*

RIEDENBURG

45 ALTMÜHLBOB

▶ Nervenkitzel und Action garantiert!

Der „Altmühlbob" gehört weltweit zu den modernsten Sommerrodelbahnen, ausgestattet mit sicheren Komfortschlitten, die weich und leise auf Edelstahlrohren laufen. Zuerst geht es mit der Bergaufbahn zum Startpunkt, dann saust man in Zweierbobs eine Streckenlänge von 1000 m ins Tal hinunter. Sieben Steilkurven, sechs Jumps, ein Kreisel und vier Bögen versprechen Magenflattern und Adrenalinstöße, von denen man kaum genug bekommt. Aber auch sonst bietet das Gelände ausreichend Möglichkeiten, sich einen ganzen Tag lang zu vergnügen. Es gibt eine Quadbahn und als neueste Attraktion auch ein Hurricane-Areal, wo man mit auf der Stelle drehbaren Fahrzeugen über den Platz wirbeln kann. Der Freizeitpark verfügt weiterhin über einen großen Spielplatz mit Rutschen, einer Hüpfburg für die Kleinsten, Klettermöglichkeiten, einem Streichelzoo sowie einem Wasserspielbereich, der den Nachwuchs beschäftigt hält, während die Eltern sich im Biergarten entspannen. Im Sommer bietet sich überdies ein Bad im angrenzenden Badesee an. Ein perfektes Ausflugsziel für die ganze Familie!

> *Altmühlbob, St. Agatha 6, www.altmühlbob.de*
> *April-Okt. tgl. 10-17.30 Uhr*
> *Quadbahn: April-Okt. nur Sa./So., bayer. Schulferien tgl.*

Rodelspaß für Groß und Klein

RIEDENBURG

46 KRISTALLMUSEUM

▶ Glitzernde Schätze entdecken

Die Maße des Giganten sprechen für sich: 7,8 t schwer, 3 m lang, 2 m breit: Die größte Bergkristallgruppe der Welt wurde 1981 in einer Quarzmine in Arkansas gefunden. Ein Jahr später kamen die über 1 m großen Kristallsäulen nach Riedenburg und bildeten den Grundstein des Kristallmuseums. Man erfährt aber auch unglaubliche Geschichten über legendäre

Farbenprächtige Wunder der Natur

Diamanten, die in Form von 300 Replikaten in Originalgröße und -schleifung ebenfalls hier ausgestellt sind. Die Heilkraft von Steinen ist ein weiteres Thema des Museums, mit dem sich bereits Hildegard von Bingen auseinandersetzte. Und auch der farbenprächtigste Edelstein der Erde – der Turmalin – ist hier mit sage und schreibe 800 Exponaten vertreten.

Kinder sind im Kristallmuseum sehr willkommen: Ein Kristall-Igelchen führt mit kindgerechten Texten durch die Sammlungen, nebenbei können bei der Museums-Rallye Quizfragen beantwortet werden, und eine Edelstein-Schatzsuche gibt es obendrein. Und jeden Mittwochnachmittag von 16.30-18 Uhr findet ein INSIDER TIPP Basteltreff in der Fasslwirtschaft mit anschließender Kinderführung durch das Museum statt.

> *Kristallmuseum, Bergkristallstr. 1, www.kristallmuseum-riedenburg.de*

> *März, Okt. tgl. 9-17, April-Sept. 9-18 Uhr*

47 FALKENHOF SCHLOSS ROSENBURG

▶ Spannende Beuteflüge miterleben

Schloss Rosenburg hat mehr zu bieten als schöne Aussichten ins Tal. Hier setzt der Jagdfalkenhof eine Tradition fort, die schon im Mittelalter als „Gräfliche Falknerei" bestand. Im Burghof werden Adler, Geier, Falken und andere in unserer Heimat teilweise schon ausgestorbene Greifvögel gezüchtet und artgerecht gehalten. Im Burgmuseum sind neben dem Arbeitswerkzeug der Falkner auch ausgestopfte Tiere ausgestellt – meist Greifvögel, aber auch ein Luchs, Wolf und sogar ein Bär sind darunter.

Die eigentliche Attraktion des Falkenhofs sind jedoch die zweimal täglich stattfindenden Flugvorführungen. Dabei werden Sie Zeuge einer flugtechnischen Leistungsschau. Falknerisch abgerichtete Greifvögel – darunter Falken, Bussarde, Adler, Milane, Geier und Eulen – packen in simulierten Jagdflügen ihre Beute. Ein Vogel nach dem anderen stürmt in den Himmel, stürzt sich pfeilschnell auf seine Beute, um dann wieder auf den Arm des Falkners zurückzukehren. Ein atemberaubendes Schauspiel vor der romantischen Kulisse der Rosenburg!

Edler Greifvogel

> *Falkenhof Schloss Rosenburg, www.falkenhofrosenburg.de*
> *Mitte März-Mitte Okt. Di.-So. 9-17, Flugvorführungen: Di.-So. 11 und 15 Uhr*

48 BURG PRUNN

▶ Rendezvous mit Rittersleuten

Haben Sie schon einmal eine Ritterburg in solch schwindelnder Höhe gesehen? Natürlich! In Märchenbüchern! Wenn Sie nun nach Prunn fahren, sehen Sie den Unterschied zwischen Märchenwelt und Wirklichkeit: Burg Prunn ist leicht zu finden, aber schwer zu besteigen. Heute sind die Zeiten vorbei, da unwillkommene Besucher mit Pech begossen wurden. Fahren Sie also unbesorgt nach oben und genießen Sie den Blick in die Ferne, der zeigt, wie fotogen das Altmühltal ist. Doch nicht nur die sagenhafte Aussicht hat Burg Prunn berühmt gemacht: Hier wurde 1575 eine Prunkhandschrift des Nibelungenliedes gefunden – der sogenannte „Prunner Codex". Aus diesem Grund ist auch der Rundgang durch die Burg, der nur im Rahmen einer 45-minütigen Führung möglich ist, den im Heldenepos vorkommenden Themenbereichen gewidmet: Leben im Mittelalter, Jagd, Kleidung, Koch- und Essgewohnheiten oder die Stellung der Burgherren und die Rolle der Frauen. Diese Themen werden mit Informationen zur Geschichte der Burg selbst und ihrer Bewohner verknüpft.

> *Burg Prunn, www. burg-prunn.de*
> *Mitte März-Okt. tgl. 9-18, Nov.-Mitte März Di.-So. 10-16 Uhr; Führungen jede volle Stunde*

Wie das Idealbild einer Ritterburg thront Burg Prunn über dem Altmühltal

ALTMANNSTEIN

49 WAFFEN- UND HAMMERSCHMIEDE HEXENAGGER

▶ Das Dröhnen der Fallhämmer

Von der Quelle in Schamhaupten bis zur Mündung in die Altmühl durchfließt die Schambach einen stillen Wiesengrund, der mit Wacholder bestanden und von Jurafelsen durchsetzt ist. Seit hier Menschen leben, zieht der Fluss gemächlich dahin und hat dabei so manches Mühlrad angetrieben. Im Ortsteil Hexenagger beispielsweise die Räder der alten Waffen- und Hammerschmiede aus dem 15. Jh., die hier lautstark ihren Dienst versah. Wenn Sie Lust auf ein paar Hammerschläge haben, läuten Sie am Haus nebenan. Auf Wunsch erklärt Ihnen der Besitzer der Schmiede, Norbert Huber, wie die Kraft zustande kommt, die mit so ohrenbetäubendem Lärm auf den Amboss niederfährt und heißes Metall so kunstfertig verformt. Man kann die massigen, je 3 Zentner schweren Fallhämmer von 1633, Blasebälge, einen Harnisch-Amboss und viele landwirtschaftliche Geräte aus früheren Zeiten sehen. Außerdem hängt vieles, was in der Schmiede entstand, nun ringsum an der Wand und kann bewundert werden, darunter mittelalterliche Hufbeschläge, Pferde- und Ochsengeschirre, doch ebenso Haushaltsutensilien und einige Raritäten, deren Existenz mittlerweile in Vergessenheit geraten ist.

Zentnerschwere Fallhämmer

Eine Brücke wie ein Wurm ...

> *Waffen- und Hammerschmiede, Schambachweg 3, Ortteil Hexenagger, www.urlaub-im-altmuehltal.de (Menüpunkt Altmannstein)*
> *April-Mitte Okt. 9-12 u. 13-17 Uhr*

ESSING

50 BURG RANDECK & TATZELWURM

▶ Vom düsteren Mittelalter zu neuzeitlicher Brückenarchitektur

Essing liegt idyllisch unter steil aufragenden Dolomitwänden an einem Altarm der Altmühl. Hoch über dem kleinen Ort steht die malerische Burgruine Randeck aus dem 11. Jahrhundert. Vom Wehrturm streift der herrliche Ausblick ins Altmühltal und bei guter Sicht bis zu den Alpen. Hoch her ging es hier im 15. Jh.: Da herrschte der gewalttätige Hans III. auf der Burg und verlangte hohe Wegezölle von den Vorbeikommenden. Das Burgverlies und der fensterlose Hungerturm, in dem die Zahlungsunwilligen oder -unfähigen auf den Tod warteten, ist noch heute zu sehen – ein schauriges Vergnügen.

Essing bietet aber auch anderes als dunkle Burggeschichten: Am westlichen Ortsende überquert eine 193 m lange Brücke für Fußgänger und Fahrradfahrer den Main-Donau-Kanal, die zu den längsten und schönsten Holzbrücken Europas gehört. Dieser Steg – vom Volksmund liebevoll „Tatzelwurm" genannt – führt zu den steinzeitlichen Klausenhöhlen am anderen Ufer. Das zu Recht beliebte Fotomotiv schwingt sich äußerst dekorativ über weiße Ausflugsschiffe, die gemächlich über den Kanal gleiten.

> *Burg Randeck, www.marktessing.de*
> *April-Okt. 9.30-18 Uhr*

51 TROPFSTEINHÖHLE SCHULERLOCH

▶ Ice Age lässt grüßen

Beeindruckend ist nicht nur die Akustik im „Schulerloch", das nur im Rahmen einer Führung erkundet werden kann. In der ehemaligen Wohnhöhle des Neandertalers erfahren Sie, dass die geräumigen Hallen im vorderen Bereich durch Auswaschungen der Altmühl-Donau, eines urzeitlichen Stromsystems, entstanden sind. Zusätzliche Wassereinwirkung hat in den Jahrtausenden danach für weitere Veränderung gesorgt: Sintergestein, also Kalkablagerungen des Tropfwassers, schuf interessante Zapfen und Säulen. Aus dem Fels austretendes Sickerwasser sorgte für einen Formenreichtum, den nur die Natur zu erschaffen vermag. Dass hier viele urzeitliche Tiere Zuflucht fanden, beweisen Knochenfunde von 1915. Höhlenbär, Nashorn und Mammut waren auch darunter. Ein besonderes Highlight der 30-minütigen Führung ist die INSIDER TIPP an die Höhlenwand projizierte Zeitreise. Die Geschichte der Höhle und ihrer ehemaligen Bewohner wird in Bildern inszeniert,

Faszinierende Zeitreise im Schulerloch

Fischschwärme gleiten über die Wände, Mammuts ziehen vorbei, Neandertaler schüren ein Feuer und werden von Bären und urzeitlichen Raubtieren bedroht. Das alles untermalt mit dramatischer Musik – ein beeindruckendes Erlebnis, das die Höhle zum Leben erweckt.

> *Tropfsteinhöhle Schulerloch, Oberau 2, www.schulerloch.de*
> *Führungen: April-Okt. 10-16, Mai-Mitte Sept. bis 17 Uhr*

KELHEIM

52 WELTENBURGER ENGE & KLOSTER WELTENBURG

▶ Durch herrliche Flusslandschaften zum Kloster schippern

An der Anlegestelle Kelheim laden schmucke Schiffe zu einem idyllischen Ausflug auf der Donau ein: Der Donaudurchbruch, auch Weltenburger Enge genannt und mit dem Europäischen Diplom für geschützte Gebiete ausgezeichnet, gehört zu den markantesten Sehenswürdigkeiten. Auf

Naturwunder Donaudurchbruch

einer Länge von rund 5 km hat sich der Fluss zwischen Weltenburg und Kelheim einen Weg durch den Kalk des Fränkischen Jura gebrochen und dadurch eine der eindrucksvollsten Flusslandschaften entstehen lassen. Während der rund 40-minütigen Fahrt haben Sie deshalb ein abwechslungsreiches Bild vor Augen: Franziskanerkirche, Befreiungshalle, Klösterl und steil aufragende Felsen.

Die Stelle, an der Kloster Weltenburg erbaut wurde, ist wie geschaffen für stille Einkehr: Vom Fluss und hohen Bergen umschlossen, blühte hier in der Einsamkeit Bayerns erstes Kloster auf. Schon der Blick auf die majestätische Anlage nach der letzten Flussbiegung ist einmalig. Vom Steg geht es dann auf einem schmalen Uferweg zum Klosterkomplex, dessen Barockkirche zu den schönsten und reichsten Sakralbauten Süddeutschlands gehört.

> *Abtei St. Georg in Weltenburg, http://kloster-weltenburg.de*
> *tgl. bis Einbruch der Dunkelheit*

53 ARCHÄOLOGISCHES MUSEUM

▶ Auf den Spuren unserer Vorfahren

Durch Erdarbeiten beim Rhein-Main-Donau-Kanal kam die Steinzeit wieder zum Vorschein. So kann die lückenlose Besiedlung – vom Neandertaler des Altmühltals bis zur Stadterhebung Kelheims – heute im vorbildlich restaurierten „Herzogkasten" gezeigt werden. Dort sehen Sie, wie die Neandertaler vor 80 000 Jahren auf Mammutjagd gingen, wie die Steinzeitmenschen vor 20 000 Jahren Werkzeuge herstellten und die Menschen der Bronzezeit vor etwa 3500 Jahren Kupfer und Zinn verarbeiteten. Studieren Sie die ersten Siedlungsformen im Kelheimer Raum, Haushaltsgeräte, Bronzestücke, Schmuck und Geschirr – also Dinge, die schon im damaligen Leben der Schönheit dienten und den Mensch zum Menschen machen.

Auch das Totenbrauchtum ist dargestellt – durch die Rekonstruktion einer 2600 Jahre alten Grabkammer aus Riedenburg-Haidhof. Ein Modell des keltischen Oppidum Alkimoennis aus dem 1. Jh. v. Chr., das auf dem Michelsberg lag, zeigt eine Stadt, die dreimal so groß war wie Nürnberg um das Jahr 1400 – ein mächtiges politisches und wirtschaftliches Zentrum. Natürlich fehlen auch die Hinterlassenschaften der Römer nicht, die sich vom 1. bis 5. Jh. in dieser Region

Bajuwarischer Schmuck

aufhielten. Und im Museumshof hat ein Stück Keltenwall Stellung bezogen – 13 m aus dem ursprünglich 10 km langen Wehrkonzept, das die Wälder durchzieht.

> *Archäologisches Museum Kelheim, Lederergasse 11, www.archaeologisches-museum-kelheim.de*

> *Ostern-Okt. Di.-So. 10-17 Uhr*

REGENSBURG

54 DOM & REICHSTAGSMUSEUM

▶ **Meilensteine der Geschichte**

Das Herz von Regensburg ist zweifellos der Dom, dessen Inneres – wie bei vielen gotischen Sakralbauten – durch den Kontrast zwischen der strengen Steinarchitektur der massiven Pfeiler und Kreuzrippengewölbe mit den farbenprächtigen Glasfenstern beeindruckt. Das Domschatzmuseum dokumentiert die umfangreiche Baugeschichte des Doms und präsentiert prunkvolle Goldschmiedekunst, kostbare Emailarbeiten und vieles mehr.

Ein weiterer geschichtlicher Erlebnisort ist das Reichstagsmuseum im Alten Rathaus. Bei einem informativen Rundgang mit engagiertem Führungspersonal durch den Reichssaal, die Beratungszimmer und das Gefängnis mit Folterkammer wird die einzigartige Atmosphäre dieses historischen Ortes erlebbar. Von mittelalterlicher Rechtsanwendung über beginnende Aufklärung mit ihren Folgen für Staat und Stände bis zur frühen parlamentarischen Praxis ist hier der lange Weg zur Demokratie anschaulich nachzuvollziehen.

Wo Schätze und Spatzen zu Hause sind

> *document Reichstag, Altes Rathaus, www.regensburg.de/tourismus*

> *Führungen: April-Okt. tgl. 9.30-16, Nov.-März tgl. 10-15 Uhr*

REGENSBURG

55 STRUDELFAHRTEN

▶ Der Regensburg-Klassiker

Die legendären „Strudelrundfahrten" sind – nicht nur aufgrund des allseits bekannten Volksliedes – ein Muss für jeden Regensburg-Besucher. Die etwa 50 Minuten dauernden Schiffsfahrten führen unter der „Steinernen Brücke" hindurch und dann an der herrlichen Silhouette der Stadt entlang. Die „Strudel" entstehen

Im „Strudel" der Steinernen Brücke

durch die 15 massiven Steinpfeiler der über 850 Jahre alten Donaubrücke, und tatsächlich kann man immer wieder sich drehende Schiffe beobachten. Nicht umsonst wartet deshalb an diesem schönen Bauwerk zur Stärkung auch ein herzhafter Imbiss auf den Gast – in der traditionsreichen „Historischen Wurstküche".

> *Personen-Schifffahrt Klinger, Anleger Nr. 3, Nähe Steinerne Brücke, www.schifffahrtklinger.de*

> *Sommer stündl. 10-16, Winter 11-15 Uhr*

HARBURG

56 BURG HARBURG

▶ Durch eine der schönsten Burganlagen Deutschlands streifen

Die wehrhafte Burg Harburg lädt ihre Besucher zu einer Zeitreise ein. Mächtige Mauern, die früher perfekter und lebensnotwendiger Schutz waren, umschließen die Burganlage. Um in die Vorburg zu gelangen, passiert man zwei Toranlagen, hinter dem dritten Tor öffnet sich dann das großartige Burginnere. Dort angekommen, ist man erst einmal tief beeindruckt von der Großzügigkeit und der idyllischen Schönheit der mächtigen, fast 1000 Jahre alten Anlage. Im Rahmen einer spannenden Führung präsentieren Bergfried, Wehrgang und Brunnen, Gerichts- und Gefängnisräume, Schlosskirche und der rundum sanierte Saalbau die Zeit vom Mittelalter bis in die Barockzeit.

Doch die Festung ist auch von außen sehenswert: Bei einer etwa halbstündigen INSIDER TIPP Wanderung rund um die Burg kann man ein herrliches Panorama über die Stadt und das Wörnitztal genießen.

> *Burg Harburg, www.burg-harburg.de*

> *Mitte März-Okt. Di.-So. 10-17 Uhr, Führungen stündlich*

DONAUWÖRTH

57 KÄTHE-KRUSE-PUPPEN-MUSEUM

▶ Puppenromantik für Nostalgiker

Wo die Wörnitz in die Donau fließt, liegt die kleine Insel Werd – die Urzelle der Stadt Donauwörth mit ihren Türmen und malerischen Gassen. An der lebhaft-bunten Reichsstraße, Lebensader der Stadt

Stein gewordene Zuflucht: die mächtige Burganlage der Harburg

bis heute, drängen sich äußerst schmucke Häuser, deren neue, alte und auch uralte Giebel kaum voneinander zu unterscheiden sind. Farbe war und ist hier Trumpf – an und auch hinter den Fassaden. Herz der Stadt ist das schlossartige Fuggerhaus mit seinem schönen Renaissancegiebel, das der einflussreiche Kaufmann Anton Fugger im 16. Jh. erbauen ließ.

Im ehemaligen Kapuzinerkloster widmet sich ein Museum dem Lebenswerk einer ungewöhnlichen Frau: Käthe Kruse, die Puppenkünstlerin. Ihre erste Puppe fertigte sie 1905 für ihre Töchter Maria und Sofie, und nur fünf Jahre später, nach der Ausstellung „Spielzeug aus eigener Hand" in Berlin, wurde sie über Nacht berühmt. Noch heute werden in Donauwörth Puppen im Sinne von Käthe Kruse – und das heißt überwiegend in Handarbeit – gefertigt. Zu sehen sind über 150 Exemplare sowie Puppenstubenfiguren und Schaufensterpuppen, entworfen von Käthe Kruse und ihrer Tochter Hanne. Die kostbaren Sammlerpuppen werden in kunstvoll inszenierten Szenen gezeigt. Drehbare Puppenkarussells, Theaterbühnen für zauberhafte Ballerinen und Märchenfiguren sowie verschiedene Puppenhäuser mit detailgetreuer Einrichtung begeistern nicht nur kleine Besucher, sondern auch erwachsene Puppenliebhaber.

> *Käthe-Kruse-Puppen-Museum, Pflegstr. 21a, www.kaethe-kruse.de (Menüpunkt Unternehmen)*

> *Mai-Sept. Di.-So. 11-18, Okt.-April Do.-So. 14-17 Uhr; Führungen: Mai-Sept. So. 15 Uhr*

Kunstvoll arrangierte Puppenszenen

KAISHEIM

58 SCHLOSS LEITHEIM

▶ **Musik, Kulinarik und Wellness**

Im Jahr 1685 ließ Abt Elisas Goetz ein barockes Lustschloss mit Kirche errichten, unter Abt Coelestin Meermoos wurde es dann Mitte des 18. Jhs. luxuriös im Stil des Rokoko ausgestattet. Kostbarer Stuck und Freskomalereien ziehen sich durch die Repräsentationsräume. Mittlerweile wurde auf dem Gelände ein stilvoller Hotelbau errichtet, im alten Schloss sind ein Terrassencafé mit herrlicher Aussicht und ein exquisites Restaurant im historischen „Weingärtnerhaus" untergebracht. Der Spa-Bereich des Hotels kann auch von Tagesgästen genutzt werden.

Sinnenfrohe Schlossbegegnung

Musikliebhaber denken bei Schloss Leitheim jedoch nicht an Wellness, sondern an auserlesene Konzerte in unvergleichlicher Atmosphäre bei flackerndem Kerzenschein. Der Rokoko-Festsaal mit seinen Fresken von den fünf Sinnen, vier Temperamenten und vier Elementen ist ein perfektes Ambiente für klassische, aber auch neue und ungewöhnliche Klangerlebnisse.

> *Schloss Leitheim, Schlossstr. 1, Kartenreservierung: Tel. 09097/1016, http://leitheimerschlosskonzerte.de*

Paternoster im Audi-museum mobile

INGOLSTADT

59 AUDI-MUSEUM MOBILE

▶ **Automobile erleben und „erfahren"**

Das Audi Forum Ingolstadt, mit Kundencenter, Produktionsstätten, Gastronomiebereich, Veranstaltungsräumen und Programmkino, hat sich schon lange als Erlebniswelt etabliert. Eine imposante Architektur mit voll verglaster Fassade prägt das „museum mobile", das neben der Dauerausstellung auch wechselnde Sonderausstellungen zeigt. Mit modernen Techniken, Inszenierungen und multimedialen Elementen gibt es einen Einblick in die Entwicklung des Automobils von 1899 bis ins Jahr 2000. Klassiker und technische Highlights – über 100 Automobile und Zweiräder – werden ebenso gezeigt wie das Verhältnis von Automobil, Technik und Gesellschaft beleuchtet. Für Kinder und Jugendliche wurde der Erlebnisweg „Audi young and fun" geschaffen, wo neben interessanten Informationen rund um die Welt der Technik, des Sports und des Designs auch interaktive Spielstationen zur Verfügung stehen. Teenager werden vor allem die Fahrsimulatoren lieben, an denen sie ihr Talent erproben können.

Einen höchst spannenden Einblick hinter die Kulissen erhält man bei der Führung INSIDER TIPP „Produktion kompakt": Auf einem Rundgang durch den gesamten Produktionsablauf kann man Industrierobotern beim Schweißen, Montieren, Fügen und Lackieren zusehen.

> *Audi Forum Ingolstadt, Ettinger Straße, www.audi.de/museum-mobile*

> *tgl. 9-18, Führung „Produktion kompakt": 10.20, 12.20, 14.20 Uhr*

60 INGOLSTÄDTER MUSEEN

▶ Schauen, staunen und lernen

Ingolstadt verfügt über 17 Museen unterschiedlichster Themenschwerpunkte, die von Geschichte, Brauchtum, Militärwesen über Technik bis hin zur Kunst reichen.

Im Stadtmuseum im „Kavalier Hepp" erfahren Sie auf spannende Weise, dass der Donauraum um Ingolstadt ur- und frühgeschichtliche Bedeutung hat, und die Stadt selbst im Mittelalter und später als Residenzstadt eine wichtige Rolle spielte.

Eine interessante Unterabteilung des Bayerischen Armeemuseums – wegen Renovierung bis Juli 2016 geschlossen und danach nur bedingt zugänglich – ist das INSIDER TIPP Polizeimuseum im Festungsbau Turm Triva. Es zeigt die Geschichte der Ordnungsbehörden seit 1918 und ihre Beteiligung an wichtigen historischen Ereignissen wie beispielsweise den Olympischen Spielen in München.

Dass in Ingolstadt auch die schönen Künste Beachtung finden, offenbart das Museum für Konkrete Kunst. Und dass Ingolstadt Sitz der ersten bayerischen Landesuniversität war, findet Ausdruck im Deutschen Medizinhistorischen Museum: In der „Alten Anatomie" dokumentieren 1200 Exponate medizinische Forschung und Praxis. Diese interessante Sammlung umfasst nahezu alle Gebiete der Medizin – lehrreich und schaurig zugleich.

> *Stadtmuseum, Auf der Schanz 45, www.ingolstadt.de/stadtmuseum, Di.-Fr. 9-17, Sa./So. 10-17 Uhr*

> *Bayerisches Polizeimuseum, Turm Triva, Paradeplatz 4, www.armeemuseum.de, Di.-Fr. 9-17.30, Sa./So. 10-17.30 Uhr*

> *Museum für Konkrete Kunst, Tränktorstr. 6-8, www.mkk-ingolstadt.de, Di.-So. 10-17 Uhr*

> *Deutsches Medizinhistorisches Museum, Anatomiestr. 18-20, www.dmm-ingolstadt.de, Di.-So. 10-17 Uhr*

Kunstfertigkeit aus früheren Zeiten

INGOLSTADT

61 KLETTERZENTRUM INGOLSTADT

▶ Seilklettern, bouldern oder einfach nur zuschauen

Für alle, die gerne hoch hinaus wollen, bietet die Kletterhalle im DAV-Kletterzentrum Ingolstadt ideale Voraussetzungen. Die großzügige Anlage verfügt über einen Seilkletterbereich mit unterschiedlich schwierigen Routen sowie einen Boulderbereich für seilfreies Klettern in Absprunghöhe. Für Kinder wurde eine spezielle Kletterburg eingerichtet. Neulinge können natürlich nicht einfach nur die Wand hinauf, sondern müssen vorab – am besten innerhalb eines Kurses – die grundsätzlichen Sicherungstechniken erlernen. Für alle, die es einmal ausprobieren wollen, wird zweimal im Monat Schnupperklettern angeboten (Voranmeldung über die Webseite). Bereits geübte Kletterer hingegen können beim Freien Klettertreff jeden Mittwochabend (19.30-22 Uhr) Gleichgesinnte und Partner finden. Und wer dem vertikalen Treiben einfach nur zusehen möchte, kann die Kletterkünste der Sportkletterer von der Empore oder dem gemütlichen Bistro aus bewundern.

Spiderman-Feeling pur

> *DAV-Kletterzentrum Ingolstadt der Sektion Ringsee E.V., Baggerweg 2, www.kletterzentrum-ingolstadt.de*

> *Mo.-Fr. 16-23, Sa. 14-23, So. 10-22 Uhr*

62 WONNEMAR ERLEBNISBAD

▶ Free-Fall-Rutschen und aromatische Saunaaufgüsse

Ein Erlebnisbad mit vielen Attraktionen, ein entspannender Thermalbereich, eine abwechslungsreiche Saunawelt, ein Spa-Wellness-Center und sommers sogar ein Beach-Club – das Wonnemar hält für jeden Geschmack das richtige Wohlfühlangebot bereit. Die Allerkleinsten finden ihre eigene Kinderwelt im „Wonniland" mit Felsengrotte und Piratenschiff. Ältere Kinder und Jugendliche werden von dem Abenteuer-Wellenbecken kaum genug bekommen, und insbesondere der INSIDER TIPP gigantische Rutschentower mit vier verschiedenen Rutschen samt Free Fall und Längen bis 128 m wird ihre Herzen höher schlagen lassen. Der Thermalbereich wartet mit Dampfbad, Thalassobecken und einem Salzinhalationsraum auf, und die abwechslungsreiche Saunalandschaft verfügt sogar über ein Saunadorf mit eigenem Becken im Freien. Ein Dutzend verschiedene, liebevoll bereitete Saunaaufgüsse werden von den Saunameistern mit einem Stück Obst für die Besucher kombiniert – was will man mehr?

> *Wonnemar Ingolstadt, Südliche Ringstr. 63, www.wonnemar.de*

> *Mai-Sept. tgl. 10-21, Okt.-April bis 22 Uhr*

Ein Eldorado für Wasserratten und Liebhaber gemütlichen Saunens

NEUSTADT AN DER DONAU

63 LIMES-THERME BAD GÖGGING

▶ Wo schon die alten Römer die Seele baumeln ließen

„Sanum per aquam", Gesundheit durch Wasser – das wussten bereits die alten Römer, als sie in der Nähe des Abusina-Kastells in Bad Gögging eine Thermenanlage errichten ließen, um die Heilwirkung der dortigen Schwefelquellen zu nutzen. Und schon damals gab es ein Caldarium, ein Sudatorium und ein Frigidarium, respektive ein Warmwasserbad, ein Dampfschwitzbad und einen Abkühlraum.

Heute ist der Wellness-Tempel natürlich wesentlich komfortabler ausgerüstet und bietet als einziges Bad in Bayern die drei Basis-Ingredientien der Wasser-Heilkunst: Schwefelwasser, Naturmoor und Mineral-Thermalwasser. Der zentrale Freibadbereich mit fünf unterschiedlich temperierten Becken ist umschlossen von einem Therapiebad mit Vitalbereich, wo die medizinischen Anwendungen stattfinden und sich die Totes-Meer-Salzgrotte befindet, und dem Thermal-Erholungsbad, in dem man nach Lust und Laune schwimmen, kneippen, dampfen, sprudeln oder einfach nur entspannen kann. Ausgiebiges Schwitzen in jeder nur erdenklichen Form ist in der Außensauna des TerraVitalis-Bereichs sowie natürlich in der Römer-Sauna im Limes-Turm mit Badehaus und verschiedenen Dampfgrotten möglich.

> *Limes-Therme, Am Brunnenforum 1, Bad Gögging, www.limes-therme.de*

> *tgl. 8-20, Do. bis 22 Uhr*

Einst römische Therme, heute Wellnesstempel

NEUSTADT AN DER DONAU

64 KASTELL ABUSINA IN EINING

▶ Durch „Zeitfenster" zurückblicken

Das römische Grenzkastell Abusina bei Eining zeigt ganz deutlich, wie weit es die Römer gebracht haben. Das Kasernenleben – und darum geht es bei diesem Kastell – genügte höchsten Wohnansprüchen. Die Römer, die zur Verteidigung ihrer Errungenschaften bis nach Germanien vorgedrungen waren, hatten nicht die Absicht, auf die Annehmlichkeiten ihrer Kultur zu verzichten. So gehörte zu den Unterkünften selbstverständlich auch eine Badeanlage und die war – selbstredend – mit einer Fußbodenheizung versehen! Diese Mischung aus frühem Luxus und Zweckmäßigkeit ist anhand des modernen Besichtigungskonzepts sogenannter INSIDER TIPP „Zeitfenster" wunderbar auf eigene Faust zu erkunden: Rahmenkonstruktionen richten den Blick auf die betreffenden Bauwerke, und über Texte, Bilder oder Akustik erhält man Informationen zum besseren Verständnis.

Kastell mit Fußbodenheizung

> Kohortenkastell Abusina, Abusinastr. 16, www.abusina.com
> Führungen: Mitte April-Okt. Sa. 11 Uhr

ABENSBERG

65 VOGEL- UND TIERPARK ABENSBERG

▶ Auf Tuchfühlung mit Tieren gehen

Dieser knapp drei Hektar große Privatpark wurde von seiner Inhaberin Erika Klemisch liebevoll aufgebaut und eigenhändig finanziert – trotz vieler bürokratischer Hindernisse und nur mit der Hilfe professioneller Tierpfleger. Es lohnt sich, von Abensberg einen Abstecher in das Flatter-, Piep- und Hüpfrevier zu machen, denn hier steht das Wohl der Tiere im Mittelpunkt. Bereits am Eingang erwarten Sie Exoten: Papageien im bunten Federrock sind ein farbenfroher Auftakt, dem viele weitere kleine und große Tiere folgen. Begonnen hatte das Projekt als reiner Vogelpark, doch mittlerweile haben sich auch andere Bewohner dazugesellt: Kängurus, Skunks, Esel, Lamas, Waschbären, Nandus, Kühe und vieles mehr.

Der Park bietet schöne Wege und Teiche mit Schilfzonen, die dafür sorgen, dass die Tiere sich wohl fühlen und die Menschen gern wiederkommen. Für den Rundgang braucht man etwa eine Stunde, doch wenn man sich Zeit nimmt, in Ruhe auf die Tiere zuzugehen, kann es durchaus auch länger dauern. Das Areal verfügt außerdem über einen Spielplatz und eine hübsche Selbstbedienungs-Gaststätte mit sehr guter Küche sowie einem Biergarten.

> Vogel- und Tierpark Abensberg, Welschenbach 3, www.vogelpark-abensberg.de
> Mitte März-Okt. tgl. 9-18, Fütterungen: tgl. (außer Mi.) 14.30 Uhr

Besuch bei Buntgefiederten

66 KUCHLBAUER TURM & KUNSTHAUSABENSBERG

▶ Bau und Braukunst: Hunderwasser-Architektur zum Anfassen

Die grandiose Idee, Hundertwasser-Architektur mit Biergenuss zu verbinden, lockt mittlerweile mehr Kunstinteressierte als Gerstensaft-Liebhaber in Kuchlbauer's Bierwelt. Schon von Weitem erblickt man die goldene Kuppel des 35 m hohen Turms, dessen unregelmäßige Formen und Farbenvielfalt die fantasievolle Schaffenskraft des Künstlers widerspiegeln. Im Turm – der ausschließlich im Rahmen einer Brauereiführung zu besichtigen ist – geht es ums Bierbrauen und Biertradition, doch werden auch die Architektur selbst und die Symboliken des Turms erklärt.

Seit 2014 hat die Bierwelt noch eine weitere Attraktion: das KunstHausAbensberg, das schon als Gebäude ein begehbares Kunstwerk und eine Hommage an Friedensreich Hundertwasser darstellt, beherbergt Bilder und Grafiken des Künstlers sowie diverse Dokumente und Exponate zu seinem Leben.

> *Kuchlbauer Turm und KunstHausAbensberg, Römerstr. 9, www.kuchlbauer.de*

> *April-Okt. tgl. 10-19, Nov.-März 11-17 Uhr*

Kreatives Meisterstück in Hundertwasser-Manier: das KunstHausAbensberg

Besondere Erzeugnisse direkt vom Hof: Der Einkauf bei Biobauern und in ausgesuchten Läden überrascht durch seine Vielfalt.

KLEINER BROMBACHSEE

1 MÜSSIGHOF ABSBERG

Frisch am Morgen geerntetes Gemüse aus eigenem Anbau, Obst, Milchprodukte, Eier, Backwaren und auf Bestellung Fleisch aus der eigenen Ochsenmast – alles unter dem Motto „Bio und Regional", überdies Naturkosmetik und Geschenkartikel aus der Kreativ-Werkstatt. Für Entspannung sorgen ein Café-Bistro und ein kleines Bauernhofmuseum, Kinderprogramme wie Eseltrekking sind ebenfalls im Angebot.

> *Müßighof Absberg, Müßighof 3, 91720 Absberg, Tel. 09175/909370*

> *www.regens-wagner-absberg.de*

> *Di.-Fr. 9-16.30, Sa. 9-14 Uhr*

SPALT

2 GRUSCHDL-CAFÉ KRAUTER

Ein gemütliches Café, in dem man nach Herzenslust „kruschteln" kann – das sind zwei Fliegen mit einer Klappe. Bei Karin Krauter findet man Westfalenstoffe in vielen Farben und Mustern als Meterware, selbst genähte Kissen, Patchwork-Artikel, Schürzen, handgestrickte Wollstrümpfe und aller Art Dekorationsobjekte zum Aufhängen oder -stellen. Und natürlich gibt es guten Kaffee und selbst gemachte Kuchen!

> *Karin Krauter, Fünfbronn 23, 91174 Spalt, Tel. 09175/908712*

> *http://gruschdl-cafe.de*

> *Do.-Mo. 13-18 Uhr*

Hofläden & Direktvermarkter

ROTH

3 BURMANN'S HOFUNDLADEN

Qualitätsfleisch und Wurstwaren aus eigener Mast sind das Markenzeichen des Hofladens. Kesselfleisch, Weißwürste, Grillspezialitäten, Wild und Lammfleisch (nach Vorbestellung), doch auch frische Räucherwaren und raffinierte Sülzen zeigen, wie Fleisch eigentlich schmecken sollte.

> *Burmann's HofundLaden, Heidenbergstr. 12, 91154 Roth-Pfaffenhofen, Tel. 09171/63413*

> *www.hofundladen.de*

> *Di.-Fr. 8-18, Sa. 8-13 Uhr*

THALMÄSSING

4 ALTMÜHLTALER TEIGWAREN

Der bekannte Nudelbetrieb ist spezialisiert auf Pasta jeder Machart. Sein Wahlspruch „Made in Bayern" gilt ebenso für die leckeren Eierliköre, die auch in besonderen Geschmacksnoten erhältlich sind.

> *Altmühltaler Teigwaren GmbH, Lohen 6, 91177 Thalmässing, Tel. 09173/413*

> *http://altmuehltaler-teigwaren.de*

> *Mo.-Fr. 8-18, Sa. 8-14 Uhr*

TITTING

5 HAINMÜHLE MORSBACH

Die letzte noch betriebene Mehlmühle Bayerns verarbeitet Weizen, Roggen und Dinkel aus dem Altmühltal. Im Mühlenladen finden sich auch Müslis, Nudeln, Tees, Gewürze, getrocknete Früchte und diverse Kekse und Getreide-Snacks. Mühlenbesichtigungen nach Voranmeldung.

> *Hainmühle GmbH, Hainmühle 1, 85135 Titting-Morsbach, Tel. 08423/509*

> *www.bio1.de*

> *Mo.-Fr. 9-12, 13.30-18, Sa. 9-12 Uhr*

KINDING

6 SCHMIEBAUER'S HOFLADEN

Familie Bittelmayer züchtet auch Angusrinder. Im Hofladen erhält man neben Fleisch und klassischen Hofprodukten selbst zubereitete Marmeladen, Liköre, Spirituosen, eingelegtes Gemüse und Früchte – schön verpackt und beliebt als Mitbringsel!

> *Schmiebauer's Hofladen, Rumburgstr. 3, 85125 Kinding-Enkering, Tel. 08467/390*

> *www.naturpark-altmuehltal.de/direktvermarkter*

> *Mi. 16-18, Fr. 14-18, Sa. 9-14 Uhr*

KIPFENBERG

7 FORELLENZUCHT LANG

Forellen, Lachsforellen und Saiblinge aus eigenem Quellwasser gibt es in der Forellenzucht ganzjährig frisch. Weiterhin bietet der Betrieb ganze oder filetierte geräucherte Fische und Räucheraal an, freitags ab 11 Uhr ofenfrisch!

> *Forellenzucht Lang, Regelmannsbrunn 2, 85110 Kipfenberg-Böhming, Tel. 08465/3311*

> *www.koestliches-vom-land.de*

> *Di.-Fr. 8-18, Sa. 8-12 Uhr*

EICHSTÄTT

8 F. X. BILZ GOLDSCHMIEDE

Die Traditionsfirma Bilz war bereits „päpstlicher Hoflieferant" und versandte ein Tabernakel nach Amerika. Heute findet man hier neben kirchlichem Gerät und klassischen Goldwaren auch originelle Schmuckkreationen eigener Herstellung.

> *Bilz Goldschmiede, Domplatz 2, 85072 Eichstätt, Tel. 08421/2642*

> *www.bilz-goldschmiede.de*

> *Mo.-Fr. 9-18, Sa. 9-14 Uhr*

NASSENFELS

9 IMKEREI ALFONS BAUER

Der Schreinermeister Alfons Bauer imkert seit über 30 Jahren und vertreibt Honigspezialitäten und Wachskerzen direkt ab Hof. Je nach Saison sind unterschiedliche Honigsorten erhältlich. Gerne zeigt er auch seine Bienen – also einfach vorbeikommen und bei der Schreinerei klingeln oder zur Sicherheit vorher anrufen.

> *Imkerei Alfons Bauer, Eichstätter Str. 14, 85128 Nassenfels, Tel. 08424/295000*
> *www.honigbauer.de*

INGOLSTADT

10 DONAUPOINT

Biervielfalt vom Feinsten mit 677 Sorten aus aller Welt findet sich im Donaupoint – alles Craft-Biere, auf traditionelle Weise von kleinen Brauern hergestellt. Sehr beliebt sind die häufig am Freitagabend stattfindenden Bierverkostungen, also Webseite checken!

> *Donaupoint, Höllbräugasse 5, 85049 Ingolstadt, Tel. 0841/13995811*
> *www.donaupoint.de*
> *Di.-Sa. 10-19 Uhr*

11 GEMÜSEHOF WÖHRL

Gemüse aller Art aus eigenem Anbau, doch auch selbst hergestellte Marmeladen, Soßen, Salate, Müslis, Nudeln und viele andere Produkte werden im großzügigen Hofladen angeboten. Jahreshighlight ist das zweitägige Krautfest am zweiten Oktober-Wochenende sowie der Spargelaktionstag im Mai.

> *Gemüsehof Wöhrl, Aubürgerstraße 11, 85051 Ingolstadt, Tel. 0841/73811*
> *www.gemuesehof-woehrl.de*
> *Mo.-Fr. 8-18, Sa. 8-13 Uhr*

FREYSTADT

12 ZIEGENHOF DESS

Der Erlebnisbauernhof mit 170 Ziegen begeistert vor allem kleine Gäste. Im Hofladen sind Ziegenmilchprodukte und Salami, Wurstgläser oder Goaßbeißer zu erwerben, einmal monatlich Cafébetrieb mit hausgemachten Kuchen und Brotzeiten.

> *Ziegenhof Deß, Richthof 5, 92342 Freystadt, Tel. 09179/90592*
> *www.ziegenhof-dess.de*
> *Mo. u. Do. 16-17.30, Café: 1. So. im Monat 13-18 Uhr*

BERCHING

13 KLOSTER PLANKSTETTEN

Im Klosterladen Plankstetten findet man alles, was das Herz begehrt, und zwar in Bio-Qualität aus eigener Herstellung:

Obst und Gemüse, Backwaren, Fleisch und Wurst, Spirituosen, selbst gebrautes Bier und einen gut sortierten Weinkeller. Gleich nebenan ist der Missionsbasar mit Geschenkartikeln und Kunsthandwerk. In der Klosterschenke mit Biergarten werden die Produkte in verarbeiteter Form serviert.

> *Klosterhofladen Plankstetten, Klosterplatz 1, 92334 Berching, Tel. 08462/206141*
>
> *www.kloster-plankstetten.de*
>
> *Mo.-Fr. 9-18, Sa. 8-17 Uhr*

BEILNGRIES

14 BÄCKEREI & KONDITOREI ZANNER

Original Altmühltaler Holzofenbrot aus selbst gezogenem Natursauerteig ist die Spezialität des schmucken kleinen Dorf-Cafés, das neben einem abwechslungsreichen Brotsortiment und Brötchen auch diverse Feingebäcke, Snacks und liebevoll verzierte Torten anbietet.

> *Andrea's Bäckerladen, Arnbucher Weg 2, 92339 Beilngries-Wolfsbuch, Tel. 08468/349*
>
> *www.baeckerei-zanner.de*
>
> *Mo.-Sa. 5.30-12, So. 7-10 Uhr*

ALTMANNSTEIN

15 HOPFENERLEBNISHOF

Hier kann man die Geheimnisse des Hopfenanbaus sowie seine Verarbeitung erkunden und Hopfenprodukte wie Kränze, Kissen, Tees, Seifen und natürlich Bier erwerben. Eine kleine Hopfenausstellung und der familieneigene Gasthof machen das Angebot komplett.

> *Michael Forster, Schulstraße 9, 93336 Altmannstein-Tettenwang, Tel. 09446/1285*
>
> *www.hopfenerlebnishof.de*
>
> *Do./So. 14.30-17, während der Hopfenernte (ca. 24.8.-10.9) Mo.-Do. 14.30-17 Uhr*

KELHEIM

16 EDELBRENNEREI SCHWEIGER

Edle Obstdestillate, Liköre sowie Obst- und Kräutergeiste sind im Verkaufsraum der Brennerei zu verkosten und natürlich zu erwerben. Hier steht auch die Destille, also kann man mit etwas Glück dem Brenner bei der Arbeit zusehen und Informationen zum Destillationsprozess erhalten.

> *Edelbrennerei Schweiger, Am Kastlacker 1, 93309 Kelheim, Tel. 09441/7387*
>
> *www.brennerei-schweiger.de*
>
> *Di.-Fr. 10-18 Uhr*

ABENSBERG

17 SPARGELHOF GABELSBERGER

Abensberger Qualitätsspargel ist schon lange kein Geheimtipp mehr, und Familie Gabelsberger bietet alles, was man zum Genuss der Stangen braucht: Soßen, Schinken, den passenden Wein, Kartoffeln. Und als Dessert stehen hausgemachte Kuchen und Torten auf dem Programm.

> *Josef Gabelsberger, Hofmark 32, 93326 Abensberg-Offenstetten, Tel. 09443/6447*
>
> *www.spargelparadies.de*
>
> *tgl. 7-20 Uhr*

Urige und gemütliche Oasen laden ein:
Die schönsten Biergärten und Ausflugslokale
im Altmühltal, an der Donau und im Fränkischen Seenland.

ENDERNDORF AM SEE

1 LANDGASTHOF SCHÄFERHOF

Die helle, freundliche Atmosphäre in diesem schmucken Fachwerkhaus nahe dem Brombachsee lädt zum Verweilen ein. Im Winter findet sich ein gemütliches Plätzchen am Kachelofen, während man sich im Sommer im schön bepflanzten Biergarten erholt. Und wer sich nicht zwischen drinnen und draußen entscheiden kann, findet einen großen Wintergarten vor.

> *Freiherr von Harsdorfstr. 18,*
91174 Enderndorf a. See, Tel. 09175/78778

> *www.landgasthof-schaeferhof.de*

WEISSENBURG

2 GOLDENER ADLER

Ein Restaurant mit langjähriger Tradition. In den rustikal-eleganten Räumlichkeiten der ehemaligen Brauerei werden fränkische Schmankerln, aber auch ausgefallene Gaumenfreuden aufgetischt. Der Gast genießt im idyllisch zwischen Fachwerkhäusern gelegenen Wirtsgarten, was Küche und Fässer zu bieten haben.

> *Marktplatz 5, 91781 Weißenburg,*
Tel. 09141/85560

> *www.hotel-goldener-adler.de*

FREYSTADT

3 STORCHENNEST

Traditions-Gasthof mit bayerischer Wirtsstube und schönem Biergarten mit Blick auf das Treiben rund um den Marktplatz. Auf der Karte findet man eine Vielzahl regionaler Gerichte, inklusive ein paar Überraschungen für Liebhaber besonderer Geschmackserlebnisse.

> *Marktplatz 49, 92342 Freystadt,*
Tel. 09179/5507

> *www.storchennest-ferschl.de*

VELBURG

4 WINKLER BRÄU

Dieser Gasthof ist Teil eines idyllischen Vier-Sterne-Gutshofhotels und offeriert in mehreren traditionellen Gaststuben verfeinerte, bürgerliche Gerichte zu einem angemessenen Preis. Als Highlight locken das mild-aromatische Juradistl-Lamm, abwechslungsreiche Slow-Food-Angebote sowie die hausgebrauten Bierspezialitäten. An Sommertagen wird auf der Terrasse und im Garten serviert.

> Sankt-Martin-Str. 6, 92355 Velburg-Lengenfeld, Tel. 09182/170
> www.winkler-braeu.de

RECHBERG

5 RECHBERGER HOF

Frisch gezapftes Bier, gutes Essen, ein schattiges Plätzchen im Biergarten, ein Spielplatz – was will man mehr? In der kälteren Jahreszeit wird man in der Gaststube mit klassischen Spezialitäten sowie saisonalen Schmankerln verwöhnt.

> Leonhard-Nübler-Str. 5, 93176 Rechberg, Tel. 09493/1553
> www.rechberger-hof.de

KALLMÜNZ

6 LANDGASTHOF ZUM BIRNTHALER

Der familienfreundliche Landgasthof liegt am Fünf-Flüsse-Radweg sowie am Naabtal-Radweg. Der gemütliche Biergarten mit Naab-Blick lädt zu einer Verschnaufpause bei Brotzeit oder auch bei Kaffee und hausgemachtem Kuchen ein. Und was Eltern besonders freuen wird: Gleich neben dem Lokal befindet sich ein gut einsehbarer Spielplatz.

> Heitzenhofener Weg 13, 93183 Kallmünz, Tel. 09473/95080
> www.landgasthof-birnthaler.de

PIELENHOFEN

7 KLOSTERWIRTSCHAFT PIELENHOFEN

Die gutbürgerlichen Gerichte schmecken in der historischen Umgebung der Klosteranlage besonders gut. Sonniger Biergarten mit Blick auf den Dorfplatz und eine mit wildem Wein bewachsene, überdachte Terrasse direkt über der Naab!

> Klosterstr. 6, 93188 Pielenhofen, Tel. 09409/1525
> www.klosterwirtschaft.de

WEMDING

8 GASTHOF ZUR WALLFAHRT

Für das leibliche Wohl sorgen Spezialitäten aus gutbürgerlicher Küche und eigener Hausschlachtung. Umgeben von großen alten Bäumen findet man im Biergarten Sonnen- und Schattenplätze. Den Kinderspielplatz hat man gut im Auge.

> Oettinger Str. 107, 86650 Wemding, Tel. 09092/362
> www.gasthof-wallfahrt.de

TREUCHTLINGEN

9 ENTEN STUB'N

Ausgangspunkt für Rad-, Wander- und Bootstouren entlang der Altmühl. Historisches fränkisches Bauernhaus mit liebevollem Interieur und lauschigem Biergarten. Nur Sa./So. geöffnet!

> Unterdorf 2, 91757 Treuchtlingen, Tel. 09142/6707
> www.entenstube.de

MÖRNSHEIM

10 GASTHOF ZUM BRUNNEN

Mitten im Zentrum des historischen Ortskerns liegt der Gasthof nicht weit vom Radweg Solnhofen–Eichstätt entfernt. Die Spezialität des Hauses, Fränkische Schäuferle mit Knödel und Dunkelbiersoße, sollte man probieren. Terrasse und Wirtsgarten laden im Sommer ein.

> Brunnenplatz 1, 91804 Mörnsheim, Tel. 09145/7127
> www.gasthof-zum-brunnen.de

EICHSTÄTT

11 CAFÉ FUCHS

Traditionelles Café nahe des Residenzplatzes mit angeschlossener Konditorei und großer Auswahl an hausgebackenen Kuchen, Torten und Feinbäckereien. Highlight ist die Jura-Torte, aber auch kleine Gerichte warten darauf, den Gast zu verwöhnen. Unter der Woche gibt es auch einen Mittagstisch, und im schönen Gartencafé abseits der Straße kann man die Seele baumeln lassen.

> *Ostenstr. 8, 85072 Eichstätt, Tel. 08421/6789*

> *www.hotel-fuchs.de*

KIPFENBERG

12 GASTHOF ZUR LINDE

Der am Waldrand gelegene Gasthof bietet einen guten Service und wirbt mit seiner leckeren Altmühltaler Küche, die nach altbayerischen Familienrezepten zubereitet ist. In den gemütlichen Gaststuben sowie auf der kleinen Caféterrasse mit Blick auf die Wallfahrtskirche fühlt man sich sofort wohl. Von der Sonnenterrasse des Restaurants genießt man den Blick auf das Schambachtal.

> *Bachweg 2, 85110 Kipfenberg-Schambach, Tel. 08465/94150*

> *www.zur-linde-schambachtal.de*

13 RÖMER-CASTELL

Der familiengeführte Landgasthof mit Biergarten vor dem Haus und ansprechender Gaststube serviert Spezialitäten aus der Region von heimischen Lieferanten wie Altmühltaler Lamm, frische Forellen, Wild und saisonale Gerichte. Zu bestimmten Anlässen, z.B. dem Limesfest, werden auch römische Speisen angeboten.

> *Wirtsstraße 9, 85110 Kipfenberg-Böhming, Tel. 08465/94190*

> *www.roemer-castell.de*

BEILNGRIES

14 LANDGASTHOF EURINGER

In diesem Landgasthof kann man sich auf hohe Fleischqualität freuen, denn die Tiere kommen aus der Region, die Schweine sogar aus eigener Zucht, und werden in der angeschlossenen Metzgerei verarbeitet. Im Sommer öffnet der schattige Biergarten, sonniger und eleganter geht es auf der Lounge-Terrasse zu.

> *Dorfstr. 23, 92339 Beilngries-Paulushofen, Tel. 08461/6510*

> *www.landgasthof-euringer.de*

ESSING

15 ESSINGER HOF

Für Wanderer und Radfahrer ist der charmante Gasthof in ruhiger Lage willkommene Raststation. Geboten wird eine feine Auswahl an bayerischen und internationalen Gerichten: fangfrische Forellen aus der Region, aber auch vegetarische und vegane Gerichte. Alte Walnussbäume sorgen im Biergarten für Schatten und das Grundstück verfügt sogar über eine kleine Blautopfquelle!

> *Weihermühle 4, 93343 Essing, Tel. 09447/991050*

> *www.essinger-hof.de*

BAD ABBACH

16 SCHWÖGLER

Im Restaurant Schwögler hat man die Wahl zwischen gemütlicher Stube, moderner Eleganz oder luftigem Wintergarten. Die gehobene Gastronomie punktet durch Kreativität und ausgeklügelte Geschmackskompositionen mit ausländischen Einflüssen. Im Sommer lockt eine schöne Terrasse mit mediterranem Flair.

> *Stinkelbrunnstr. 18, 93077 Bad Abbach, Tel. 09405/962300*

> *www.schwoegler.de*

KELHEIM

17 KLOSTERSCHENKE WELTENBURG

Ein Idyll inmitten der barocken Klosteranlage von Weltenburg am wildromantischen Donaudurchbruch. Der Brauereigasthof serviert zu seiner weltbekannten Bockbier-Spezialität typisch bayerische Leckereien und Brotzeiten. An warmen Tagen sitzt es sich unter den ausladenden, alten Kastanienbäumen des zwischen den Klostergebäuden gelegenen Biergartens besonders gut.

> *Asamstr. 32, 93309 Kelheim, Tel. 09441/67570*

> *www.klosterschenke-weltenburg.de*

BAD GÖGGING

18 GASTHOF EISVOGEL

Im Gasthof Eisvogel direkt am Fluss Abens kommen Feinschmecker und Fans der bayerischen Gemütlichkeit auf ihre Kosten, wobei die reichhaltige Karte auch immer wieder saisonale und Themenmenüs anbietet. Zur Kaffeestunde gibt es Käsekuchen nach Omas Rezept oder leckeres Eis. Die Stuben eignen sich für alle Gelegenheiten. Direkt neben dem Teich mit Fontäne befindet sich ein schöner Biergarten unter Kastanienbäumen.

> *An der Abens 20, 93333 Bad Gögging, Tel. 09445/9690*

> *www.hotel-eisvogel.de*

WEICHERING

19 LANDGASTHOF VOGELSANG

Direkt am Donau-Radwanderweg liegt dieser familiär geführte Landgasthof, der regionale Gerichte der Saison serviert. Im Wirtsgarten kann man im Sommer Sonne tanken. Die Küche basiert auf der Verwendung von frischen Wildkräutern, und mehrmals jährlich finden geführte Kräuterwanderungen mit anschließendem Wildfruchtmenü statt.

> *Bahnhofstr. 24, 86706 Weichering, Tel. 08454/91260*

> *www.landgasthof-vogelsang.de*

RAIN

20 LANDGASTHOF SCHWARZWIRT

Traditionsgasthof im Ortszentrum mit Gaststube, uriger Bauernstube und schönem Biergarten. Das verwendete Schweinefleisch stammt aus der eigenen Mast. Während man idyllisch und entspannt unter Kastanienbäumen sitzt, können sich die Kinder auf dem Spielplatz vergnügen.

> *Wallerdorfer Straße 26, 86641 Rain-Bayerdilling, Tel. 09090/2553*

> *www.schwarzwirt.de*

Zu Fuß durch enge Gassen und über breite Plätze: Themenbezogene Touren durch Stadt und Natur bieten reizvolle Entdeckungen.

GUNZENHAUSEN

1 PIRATENFAHRTEN

Leinen los zu einer aufregenden Fahrt ins Abenteuer! Kinder, auf Wunsch mit ihren Eltern, treffen sich an der Anlegestelle im Seezentrum und nach einem gemeinsamen Piratenschminken wird in See gestochen. Dort gilt es zunächst eine Flaschenpost zu finden, in der eine Schatzkarte versteckt ist. Dann geht es weiter zur Schatzinsel, wo alle zusammen den verborgenen Schatz suchen.

> *Zweckverband Altmühlsee, Marktplatz 25, 91710 Gunzenhausen, Tel. 09831/508-191 oder -192*
> *www.altmuehlsee.de*
> *Treffpunkt: Seezentrum Gunzenhausen; Dauer: 75 Min.*

2 RÖMERFÜHRUNG

Wer könnte die römische Geschichte am Limes besser erklären als geschulte Cicerones in zeitgenössischer Tracht, die einmal monatlich zu spannenden Führungen einladen. Bei den Stadttouren mit interessanten Anekdoten ist auch ein Gang durch das Archäologische Museum inbegriffen. Alternativ dazu werden auch Römerführungen im nur 2 km vom Ortskern entfernten Burgstallwald angeboten, wo sich restaurierte bzw. rekonstruierte Limes-Wachttürme befinden.

> *Tourist-Information, Rathausstr. 12, 91710 Gunzenhausen, Tel. 09831/508-300*
> *www.gunzenhausen.info/fuehrungen*
> *Treffpunkt: Tourist-Information; Dauer: 1,5 Std.*

PLEINFELD

3 SEGWAY AM BROMBACHSEE

Man sollte es sich nicht nehmen lassen, die wunderschönen Landschaften des Fränkischen Seenlandes einmal auf neue Weise zu erkunden – nämlich auf dem Segway. Holger Niemitz bietet Touren für jeden Geschmack an: von Schnuppertouren für Neugierige über die Große Tour Brombachsee bis hin zu Maxi-Touren für „Segway-Verrückte".

> *Seg-Touren Holger Niemitz, Sendelbach 14, 91238 Engelthal-Sendelbach, Tel. 09158/958320,*
> *www.seg-touren.com*
> *Treffpunkt: Landhotel Sonnenhof, Sportpark 9-11, 91785 Pleinfeld; Dauer: 2-2,5 (große Tour) oder 1-1,5 Std.*

WEISSENBURG

4 BADEGEFLÜSTER

„Bene lava – Bleib sauber!" ist das Motto dieser vergnüglichen Kostümführung, bei der man nicht nur viel über Architektur, die Funktion der diversen Thermenbereiche und das römische Badewesen erfährt, sondern auch in die Geheimnisse der illustren Thermenbesucher eingeweiht wird. Und das aus erster Hand – ist die „Badesklavin" doch stets an der Quelle der allerneuesten Geschichten und Gerüchte ...

> *Tourist-Information, Martin-Luther-Platz 3, 91781 Weißenburg, Tel. 09141/907-124*
> *www.weissenburg.de/fuehrungen*
> *Treffpunkt: Römische Thermen/ Am Römerbad 17 a; Dauer: 1 Std.*

Stadtführungen & Thementouren

TREUCHTLINGEN

5 SONNTAGSSPAZIERGÄNGE

Die wunderbare Tradition des Sonntagsspaziergangs durch den Ort – der durchaus auch zum Anbandeln oder Verkuppeln möglicher Paare genutzt wurde – lebt bei diesen Rundgängen wieder auf. Zu etwa 15 Terminen jährlich wandelt man kompetent geführt durch verschiedene Treuchtlinger Ortsteile bzw. Orte im Umland und erfährt Interessantes zur Geschichte und dem Brauchtum des oberen Altmühltals. Der perfekte Verdauungsspaziergang nach dem sonntäglichen Mittagessen!

> *Informationszentrum Naturpark Altmühltal, Heinrich-Aurnhammer-Straße 3, 91757 Treuchtlingen, Tel. 09142/960060*

> *www.treuchtlingen.de*

> *Treffpunkt: Dorfwirtschaft oder Kirche; Dauer: 2 Std.*

SOLNHOFEN

6 KANU-ERLEBNISTOUREN

Es wäre ein Jammer, die idyllische Landschaft des Altmühltals nur zu Fuß oder auf dem Fahrrad zu erkunden, denn kaum ein Fluss ist besser für Kanu- und Paddeltouren geeignet. Angebote aller Art für Einsteiger, Familien und Profis bietet das Kanu-Zentrum Altmühltal: ein- oder mehrtägig, Wochenend-Pakete mit oder ohne Kulturprogramm, nur Kanufahren oder kombinierte Kanu-Klettertouren, mit viel Action oder ganz entspannt – Sie haben die Qual der Wahl!

> *YEZZT: Die Aktiv Mühle, Buchungszentrale Augsburg, Meraner Str. 28, 86165 Augsburg, Tel. 0821/343464-0*

> *www.aktivmuehle.de*

> *Treffpunkt: Outdoorzentrum Aktivmühle, Esslinger Str. 3, 91807 Solnhofen; Dauer: je nach Tour ab 6 Std.*

EICHSTÄTT

7 WALDERLEBNISPFAD GELÄNDER

Eine Naturentdeckungsreise durch den Lebensraum Wald ist der 2,5 km lange Erlebnispfad mit neun Themenstationen, an denen man nicht nur etwas lernen, sondern auch Bodentiere suchen, Baumarten erraten, Zapfen-Zielwerfen und andere vergnügliche Dinge tun kann.

> *Tourist-Information, Domplatz 8, 85072 Eichstätt, Tel. 08421/6001400*

> *www.eichstaett.de*

> *Beginn des Pfades: Wanderparkplatz Geländer; Gehzeit: 1, 5 Std.*

BERCHING

8 SCHAUSPIELFÜHRUNG

Ein ganz besonderes Erlebnis ist die Schauspielführung „Non solo amore – Es war nicht nur Liebe". Dabei werden die Besucher in das 19. Jahrhundert entführt und nehmen Anteil an einer leidenschaftlichen Liebesgeschichte, vermischt mit Stadthistorie, die von 5 Schauspielern an mehreren Schauplätzen vorgetragen wird. Krönender Abschluss ist ein Glas Rotwein.

> *Natascha Brendel, Krankenhausstr. 2c, 92334 Berching, Tel. 08462/455 oder 2218*

> *www.berching.de/fuehrungen*

> *Treffpunkt: am Rathaus; Dauer: 1,5 Std.*

BEILNGRIES

9 WÜNSCHELRUTEN-RUNDWEG

Ob man nun an Wünschelruten glaubt oder nicht – auf dieser Kurzwanderung erfahren Sie viel über die Geologie des Altmühltals, über Verwerfungen, Magnetfelder, Erdstrahlen, unterirdische Wasserläufe und, wer weiß, vielleicht haben Sie ja wirklich das Talent zum Rutengänger. Statt der ganzen Wanderung kann man auch den verkürzten Rundweg (3 km) gehen. Wünschelruten sind in der Tourist-Information erhältlich, geführte Touren werden ebenfalls angeboten.

> Tourist-Information, Hauptstr. 14, 92339 Beilngries, Tel. 08461/8435
> www.beilngries.de/wandern
> Beginn des Rundwegs: Maria-Hilf-Kapelle; Länge: 6 km; Gehzeit: 2 Std.

KELHEIM

10 FÜHRUNG IN DER KLOSTERBRAUEREI

Sagenhafte 1000 Jahre Bierbrau-Tradition zeichnen die weltweit älteste Klosterbrauerei aus. Bei dieser Führung besichtigen Sie das Sudhaus, lernen allerlei über Biersorten oder das preisgekrönte Dunkle und zum Abschluss dürfen Sie die Spezialitäten verkosten und ein Original Weltenburger Glas mit nach Hause nehmen.

> Stadtmaus, Thundorferstr. 1, 93047 Regensburg, Tel. 0941/230360-0
> www.stadtmaus.de
> Treffpunkt: Besucherzentrum; Dauer: 1 Std.

11 ARCHÄOLOGIEPARK ALTMÜHLTAL

Auf 18 Stationen unter freiem Himmel zwischen Kelheim und Dietfurt führt der Archäologiepark auf einer Zeitreise durch die Menschheitsgeschichte – am anschaulichsten bei den Wochenend-Veranstaltungen mit Führungen, Vorträgen, Konzerten und vielen Mitmach-Aktionen wie Korbflechten, Bogenbau oder Feuerstein-Bearbeitung. Programm herunterladen oder Tourismusverband kontaktieren!

> Tourismusverband im Landkreis Kelheim, Donaupark 13, 93309 Kelheim, Tel. 09441/207-330
> www.tourismus-landkreis-kelheim.de (Menüpunkt Erleben/Kultur & Geschichte)
> Treffpunkt und Dauer: je nach Veranstaltung

REGENSBURG

12 VOM SENKBLEI ZUM PRESSLUFTHAMMER

Stadtgeschichte einmal anders: Bei dieser kurzweiligen Erlebnisführung mit vergnüglichen Schauspieleinlagen erklären Ihnen professionell ausgebildete Stadtführer die Entstehung und wechselhafte Geschichte Regensburgs der letzten zwei

Jahrtausende. Sie hören interessante Anekdoten zu den einzelnen Bauwerken und lernen, warum die „nördlichste Stadt Italiens" verdientermaßen zum UNESCO-Weltkulturerbe ernannt wurde.

> Stadtmaus, Thundorferstr. 1, 93047 Regensburg, Tel. 0941/230360-0
> www.stadtmaus.de
> Treffpunkt: Historische Wurstkuchl; Dauer: 1,5 Std.

13 KINDERFÜHRUNG SCHLAUMAUS

Bei dieser interaktiven Kinderführung (5-15 Jahre) lernen kleine Besucher, wie die Menschen im Mittelalter lebten: Woher bekam man Trinkwasser? Wie roch es eigentlich in der Stadt? Wo verrichtete man seine Notdurft? Wozu dienten Rüstungen und wie schwer waren sie? Auf den Spuren von Rittern und Römern, Händlern und Patriziern lernt man so allerlei Wissenswertes, und zum Abschluss darf man sogar eine echte Rüstung anprobieren!

> Stadtmaus, Thundorferstr. 1, 93047 Regensburg, Tel. 0941/230360-0
> www.stadtmaus.de
> Treffpunkt: Historische Wurstkuchl; Dauer: 1,5 Std.

NEUBURG A. D. DONAU

14 DONAU-ZILLENFAHRTEN

Das beeindruckende Stadtpanorama von Neuburg genießt man am schönsten vom Fluss aus – bei einer entspannten Fahrt mit den Fischergasslern auf den im Donauraum beheimateten traditionellen Flachbooten (Zillen). Im Angebot sind unterschiedliche Touren von Kurzstrecken bis Halbtagesfahrten, allerdings sollte man sich 3-4 Tage vorher anmelden, da die Touren von ehrenamtlichen Mitgliedern des Vereins durchgeführt werden.

> Hannelore Winter, Fischergasse 232 1/2, 86633 Neuburg/Donau, Tel. 08431/3124
> www.fischergassler-neuburg.de
> Treffpunkt: je nach Strecke; Dauer: je nach Tour von 75 Min. bis 4,5 Std.

INGOLSTADT

15 DR. FRANKENSTEINS MYSTERY TOUR

Wussten Sie, dass Dr. Frankenstein in Mary Shelleys Roman Ingolstadt bereiste und hier seine „Kreatur" zum Leben erweckte? Nun – bei dieser Gruselstadtführung erfahren Sie es, neben vielen weiteren Anekdoten und Historien zur düsteren Vergangenheit der Stadt. Ein bisschen gute Nerven brauchen Sie aber, denn man weiß nie, wer oder was hinter der nächsten Ecke lauert ...

> Klarner, Dozauer & Gohlke GbR, Jesuitenstr. 9, 85049 Ingolstadt, Tel. 0841/951999-6
> www.frankenstein.in
> Treffpunkt: Hof der Hohen Schule (Rückseite); Dauer: 85 Min.

16 FESTUNGSRUNDGANG

Um den speziellen Charakter Ingolstadts zu erleben, sollte man den gut ausgeschilderten Festungsrundgang unternehmen. In 21 Stationen führt dieser rund um die historische Innenstadt mit ihren Türmen, Toren, Gräben und Festungsbauten, aber auch durch idyllische Grüngürtel. Auf Erläuterungstafeln lernt man die Festungsbestandteile kennen und kann nachempfinden, welch ingenieurtechnische Leistung hinter den Bauten steckt.

> Tourist-Information, Rathausplatz 2, 85049 Ingolstadt, Tel. 0841/305-3030
> www.ingolstadt-tourismus.de
> Beginn des Rundgangs: Konrad-Adenauer-Brücke, Südseite; Dauer: mind. 2 Std.

Auf zwei Rädern das Altmühltal, die Donau und das Fränkische Seenland erkunden und Überraschendes am Wegesrand erleben: Wir stellen zehn reizvolle Touren vor.

TOUR 1

GUNZENHAUSEN – THANNHAUSEN – THEILENHOFEN – GUNZENHAUSEN

LÄNGE: 30 km

DAUER: 4 Stunden

Bis auf den steilen Aufstieg von Thannhausen hoch zum Limes-Wachtturm eine nicht allzu schwierige Ausflugsfahrt.

TOUR 2

HILPOLTSTEIN – MINDORF – ZELL – HOFSTETTEN – HILPOLTSTEIN

LÄNGE: 35 km

DAUER: 3,5-4 Stunden

Die einfache Rundtour durch waldreiche Abschnitte weist keine nennenswerten Steigungen auf und ist daher ideal für einen Familienausflug.

TOUR 3

WEISSENBURG I. BAY. – WÜLZBURG – SUFFERSHEIM – WEISSENBURG I. BAY.

LÄNGE: 28 km

DAUER: 3,5 Stunden

Der Beginn dieser Tour ist relativ anstrengend, denn bis man zur Festung Wülzburg hochgeradelt ist, muss man kräftige Beinarbeit leisten. Die restliche Strecke ist dafür umso einfacher: Sie führt am „Bierweg" und später an Bahngleisen entlang.

TOUR 4

TREUCHTLINGEN – LANGENALTHEIM – PAPPENHEIM – TREUCHTLINGEN

LÄNGE: 27 km

DAUER: 3 Stunden

Trotz eines längeren Anstiegs zu Beginn der Tour ist die Strecke auch für ungeübte Radwanderer zu bewältigen. Es geht über ruhige Sträßchen und Forstwege, vorbei am Ort Pappenheim, über dem die gleichnamige Burganlage thront, und wieder zurück zur Thermenstadt Treuchtlingen.

TOUR 5

EICHSTÄTT – PFÜNZ – KIPFENBERG – KINDING – BEILNGRIES

LÄNGE: 42 km

DAUER: 4,5 Stunden

Diese recht einfache, wenn auch längere Tour durch das Altmühltal mit vielen schönen Ausblicken verlangt keine besondere Kondition und ist somit für jedermann geeignet.

Fahrradtouren

TOUR 6

BERCHING – RAITENBUCH – KEVENHÜLL – BEILNGRIES – BERCHING

LÄNGE: 25 km

DAUER: 3 Stunden

Bis auf den kräftigen Anstieg nach Winterzhofen ist diese Tour insgesamt eine einfache Rundfahrt und somit auch für Familien mit Kindern zu empfehlen.

TOUR 7

RIEDENBURG – PRUNN – TETTENWANG – RIEDENBURG

LÄNGE: 30 km

DAUER: 3 Stunden

Diese Rundfahrt ist eine landschaftlich wunderschöne und trotz mancher Steigung nicht allzu schwere Tour entlang der Altmühl und durch den Hienheimer Forst.

TOUR 8

DONAUWÖRTH – NEUBURG – INGOLSTADT

LÄNGE: 64 km

DAUER: 5 Stunden

Wegen der zum Teil steilen Anstiege ist dieses erste Teilstück einer dreitägigen Radwanderung entlang der Donau bis nach Regensburg streckenweise recht anstrengend und daher eher für Sportbegeisterte geeignet.

TOUR 9

INGOLSTADT – NEUSTADT – WELTENBURG – KELHEIM

LÄNGE: 45 km

DAUER: 3,5 Stunden (ohne Schiffsfahrt)

Die fast 20 km kürzere Fortsetzung der vorangehenden Tour wird gekrönt von einer entspannenden Schiffsfahrt von Weltenburg durch den Donaudurchbruch nach Kelheim. Linienschiffe verkehren im Sommer etwa alle halbe Stunde.

TOUR 10

KELHEIM – BAD ABBACH – REGENSBURG

LÄNGE: 35 km

DAUER: 2,5 Stunden

Letzte Teilstrecke der Fahrt auf dem Donauradweg von Donauwörth nach Regensburg mit einigen wenigen, dafür aber starken Anstiegen. Ab Bad Abbach führt die Tour am rechten Donauufer entlang.

Impressum

> BILDNACHWEIS

Titelbilder: Laif/Clemens Zahn (Radfahrer am Altmühl-Radweg), Hinterleger: Studio Lang, Neuhausen/F. und iStockphoto/Photographer Olympus (Margerite)
Aufmacherfoto: J. Wackenhut
Fotos Inhaltsverzeichnis Sonderseiten: Studio Lang, Neuhausen/F. S. 6 + 7 oben; W. Kern S. 7 unten
Fotos Ausflugsziele: (Heft und Karte): AltmühlBOB GmbH Nr. 45; Altmühltaler Abenteuerpark Nr. 42; Altmühltaler Mühlenmuseum/R. Rengnath Nr. 44; Altmühltherme Treuchtlingen Nr. 23; Archäologisches Museum der Stadt Kelheim Nr. 53; AUDI AG Nr. 59; Bayerische Schlösserverwaltung/K. Rainer, Salzburg Nr. 48; Bildagentur Huber/R. Schmid Nr. 54; DAV Sektion Ringsee e.V. Nr. 61; Deutsches Medizinhistorisches Museum Ingolstadt Nr. 60; DuMont Bildarchiv/J. Wackenhut Nr. 9, 15; DuMont Bildarchiv/R. Lueger Nr. 26; DuMont Bildarchiv/W. Spitta Nr. 19, 22, 49, 52, 58; Foto_Brauerei zum Kuchlbauer GmbH & Co. KG Nr. 66; Gemeinnützige Fürst zu Oettingen-Wallerstein Kulturstiftung Nr. 56; Heimatverein Vetoniana Pfünz e.V. Nr. 37; Informationszentrum Naturpark Altmühltal Nr. 29, 36; InterSPA Gruppe/Wonnemar Nr. 62; Jura-Air-Flugschule Nr. 17; Kristallmuseum Riedenburg Nr. 47; Kulturhistorischer Verein Beilngries-Kinding Nr. 43; Kultur- und Fremdenverkehrsverein Kallmünz Nr. 20; Kulturverein „Fasenickl" Nr. 40; Limes-Therme Bad Gögging Nr. 63; Markt Mörnsheim Nr. 28; Rosenhof Bieswang e.V. Nr. 25; Stadt Donauwörth Nr. 57; Stadt Spalt Nr. 14; Stadtverwaltung Burglengenfeld Nr. 21; Stadtwerke Gunzenhausen Nr. 5; Tourist-Information Eichstätt Nr. 31, 33; Tropfsteinhöhle Schulerloch Nr. 1; alle übrigen Fotos W. Kern
Fotos Hofläden & Direktvermarkter: Studio Lang, Neuhausen/F. S. 52, 54, 55
Fotos Biergärten und Ausflugslokale: Studio Lang, Neuhausen/F. S. 56; Fotolia/HLPhoto S. 59
Fotos Stadtführungen & Thementouren: Siegfried Brendel S. 61; STADTMAUS S. 62
Fotos Fahrradtouren: Studio Lang, Neuhausen/F. S. 64, 65
Foto Impressum: iStockphoto/Chris Gramly S. 67
Fotos Feste & Events: Tino Lex S. 68;
Hinterleger: Studio Lang, Neuhausen/F. (Kleeblatt) und iStockphoto/Photographer Olympus (Margerite)

> IMPRESSUM

Marco Polo Erlebnisführer Raus & Los

1. Auflage 2016
Redaktion und Projektleitung: MAIRDUMONT GmbH & Co. KG, Radegunde Schenk-Kern, Marco-Polo-Zentrum, D-73760 Ostfildern, Tel. 0711/4502-267, Fax 0711/4502-343, E-Mail: r.schenk-kern@mairdumont.com, www.mairdumont.com
Redaktionelle Überarbeitung: Barbara Lippert, Salem; Radegunde Schenk-Kern, MAIRDUMONT GmbH & Co. KG, Ostfildern
Bildredaktion: Anja Schlatterer, red.sign GbR, Stuttgart
Restaurantdaten: Redaktion Varta-Führer, Ostfildern
Kartografie: MAIRDUMONT GmbH & Co. KG, Ostfildern
Layout: Studio Lang, Neuhausen/F.
Anzeigenvermarktung: MAIRDUMONT MEDIA, Ostfildern, Tel. 0711/4502-0, Fax 0711/4502-1012, E-Mail: media@mairdumont.com www.media.mairdumont.com

Die Angaben in diesem Freizeitführer, insbesondere die Anschriften und Öffnungszeiten, wurden sorgfältig geprüft. Für die Richtigkeit der Angaben kann trotzdem keine dauerhafte Gewähr übernommen werden.
Die in dieser Broschüre vorgestellten Radtouren basieren auf Vorgaben der Kompass-Radwanderführer.

FSC www.fsc.org MIX Papier aus verantwortungsvollen Quellen FSC® C011712

Printed in Germany

Feste & Events

Traditionsreiche Feste und regionale Events laden zum Mitfeiern ein.

MAGISCHE MOMENTE

BROMBACHSEE

APRIL

Laser- und Lichtspektakel rund um den See, Erlebnisbühnen an den Uferstränden und Musik auf der MS Brombachsee.

> www.magische-momente-brombachsee.bayern

TAG & NACHT RITTERTURNIER

BURG PAPPENHEIM

JUNI

Die Burg öffnet ihre Tore für einen Mittelaltermarkt, Gaukeleien, Hexen- und Feuershows sowie diverse Ritterturniere.

> www.grafschaft-pappenheim.de

DATEV CHALLENGE

ROTH

MITTE JULI

Einst unter der Marke „Ironman" bekannt, ist dies einer der größten Triathlon-Wettkämpfe mit Top-Athleten aus aller Welt.

> www.challenge-roth.com

AUDI KLASSIK OPEN AIR

INGOLSTADT, SCHLOSS LEITHEIM

JULI

Einmonatiges Klassik-Festival mit Künstlern von Weltrang, die an verschiedenen Orten in und um Ingolstadt, zum Abschluss auch im Klenzepark, auftreten.

> www.sommerkonzerte.de

ALTSTADTFEST

WEISSENBURG

JULI, 3. WOCHENENDE

Musik, Tanz, Kulinarik und Party in der Innenstadt, Gaukler, Ritter und Feuershows im Stadtgraben – das ist das Altstadtfest.

> www.weissenburg.de

BURGFEST

HILPOLTSTEIN

ENDE JULI / ANFANG AUGUST

Mittelalterspektakel mit Trödelmarkt, Festzeltbetrieb, Festzug und Feuerwerk. Höhepunkt ist das Festspiel mit Laiendarstellern in historischen Kostümen.

> www.hilpoltstein.de/burgfest

WEIHNACHTSMARKT

REGENSBURG

ADVENT BIS WEIHNACHTEN

Der Klassiker unter den Weihnachtsmärkten mit traditionellem Handwerkstreiben, kulturellem Rahmenprogramm, Auftritt des „fürstlichen Christkinds", altbayerischen Schmankerln und Glühwein.

> www.wm-tut.de